Prophezeiungen zur Jahrtausend-wende

A.T. MANN

Prophezeiungen zur Jahrtausendwende

Eine Gesamtschau der Voraussagen
von Propheten, Weisen, Sehern,
Schamanen und Astrologen
für das neue Jahrtausend

Aus dem Englischen
von Hans Freundl

BECHTERMÜNZ VERLAG

Lizenzausgabe für Weltbild Verlag GmbH, Augsburg 1998
mit Genehmigung des Scherz Verlags, Bern und München

Einzig berechtigte Übersetzung aus dem Englischen
von Hans Freundl
Titel des Originals: Millennium Prophecies

Umschlaggestaltung: ARTELIER für Grafik & Werbung, München
Gesamtherstellung: Ebner Ulm
Printed in Germany
ISBN 3-8289-4808-1

Inhalt

Zusammenstellung wichtiger Prophezeiungen und einschneidender Weltzeitdaten

Jahr	Prophet/Person	Prophezeiung/Ereignis
(v. Chr.)		
5960	Septuaginta	Erschaffung der Welt
4173	Nostradamus	Erschaffung der Welt
4004	Erzbischof Usher	Erschaffung der Welt
3952	Josephus	Erschaffung der Welt
3949	Beda Venerabilis	Erschaffung der Welt
3761	Abraham Judaeus	Erschaffung der Welt
3102	–	Beginn des Kali-Yuga
2170	–	Vermutlich Errichtung der Großen Pyramide
46	Julius Caesar	Führt den Julianischen Kalender ein.
0	–	Geburt von Jesus Christus
(n. Chr.)		
33	–	Die Kreuzigung
70	–	Zerstörung des Tempels in Jerusalem
156	Montanus	Erklärt sich zu einer Inkarnation des Heiligen Geistes und prophezeit das Weltgericht.
365	frühe Christen	Glauben das Ende der Zeiten zu erleben.
400	Augustinus	Verurteilt Astrologie in seinem Werk *Über den Gottesstaat*.
525	Dionysius Exiguus	Verwendet erstmals den Ausdruck *n. Chr.*
553	Kirche	Verwirft den Gedanken der Reinkarnation.
622	Mohammed	Hedschra und Beginn der islamischen Zeitrechnung
794	Karl der Große	Neubegründung des Weströmischen Reiches
1000	–	Das Weltgericht Ende der Siebten Schemitah und Beginn des Jubeljahres.
1033	–	Das Weltgericht 1000 Jahre nach der Kreuzigung

Jahr	Prophet/Person	Prophezeiung/Ereignis
1066	–	Der «Komet der Eroberung» kündigt das Ende der Welt an.
1496	–	Das Weltgericht
1524	J. Stöffler	Das Weltgericht
1555	Nostradamus	Veröffentlicht die ersten sieben *Centurien*.
1559	Nostradamus	Tod von König Heinrich II. von Frankreich
1570	Bischof Jewel	Prophezeit das Weltgericht.
1582	Papst Gregor XIII.	Führt den Gregorianischen Kalender ein.
1643	Robert Devereux II., Graf von Essex	Nennt sich Johannes der Täufer und verkündet die Wiederkunft Christi.
1656	–	Die Zeitspanne zwischen der Schöpfung und der Sintflut – ein Zeitraum von 1000 Jahren
1666	–	Erscheinen des Großen Tieres
1681	Bossuet	Schlägt die Bezeichnung *v. Chr.* vor.
1707	frz. Weissager	Das Ende der Welt
1750	Shora Atahuallpa	Die Welt wird in Dunkelheit versinken.
1752	–	England übernimmt den Gregorianischen Kalender, büßt dadurch zehn Tage ein.
1781	William Herschel	Entdeckt den Planeten Uranus.
1792	Napoleon I.	Marschiert in Ägypten ein.
1822	Champollion	Entschlüsselt den Stein von Rosette.
1843	William Miller	Das Ende der Welt
1844		Beginn des Wassermann-Zeitalters (nach Rudhyar)
1846	Leverrier u. Galle	Entdecken den Planeten Neptun.
1847	John Taylor	Entdeckt die Prophezeiungen der Großen oder Cheops-Pyramide.
1865	Robert Menzies	Erste chronologische Zeitskala der Großen Pyramide
1886	C. T. Russell	*Der Plan der Zeitalter*
1889	Nostradamus	Beginn des Mondzyklus
1895	Alice A. Bailey	Erstes Channelling des Meisters Kut Humi
1898	Hindus und Buddhisten	Ende des Kali-Yuga
1904	Aleister Crowley	Beginn des Horus-Zeitalters

Jahr	Prophet/Person	Prophezeiung/Ereignis
1905	Gerald Massey	Beginn des Wassermann-Zeitalters
1911	Theosophen	Krishnamurti channelt Lord Maitreya, ein Zeichen für den Beginn des Wassermann-Zeitalters.
1915	Morton Edgar (1924)	Die Menschheit gelangt auf die Stufe der Vollkommenheit.
1916	C. G. Jung	Die Vision der *Septem Sermones ad Mortuos*
1919	Alice A. Bailey	Erster Kontakt mit dem Tibeter Djwhal Khul
1924	Helena Roerich	Botschaften von Meister Morya
1925	Davidson	Entschlüsselt die Prophezeiungen der Großen Pyramide.
1930	Percival Lowell	Entdeckt den Planeten Pluto.
1931	Alice A. Bailey	Laut Djwhal Khul hat das Wassermann-Zeitalter begonnen.
1936	Edgar Cayce	Die Erdachsen beginnen sich zu verschieben.
1943	Edgar Cayce	Das spirituelle Zeitalter beginnt.
1945	Alice A. Bailey	Die 90 Jahre dauernde Mission Christi tritt in ihr letztes Stadium.
1946	Alice A. Bailey	Empfängt *Die Große Invokation*.
1950	Henry Adams (1903)	Das Ende der Welt
	Katharina Emmerich	Luzifer werden die Ketten abgenommen.
1953	Davidson	Ein Ereignis, das die Menschheit für immer verändern wird.
1958	Edgar Cayce (1934)	Beginn einer 40 Jahre dauernden Periode mit Naturkatastrophen
1962	Gabriel Jogand (1890)	Geburt des Antichrist
	Willaru Huayta	Das Wassermann-Zeitalter beginnt im Februar.
1965	–	Uranus/Pluto-Konjunktion im Zeichen der Jungfrau
1968	Edgar Cayce	In der Karibik wird neues Land emporsteigen.
1969	NASA	Der erste Mensch auf dem Mond
1975	Dane Rudhyar	Der Avatar des neuen Zeitalters wird erscheinen.

Jahr	Prophet/Person	Prophezeiung/Ereignis
1975	Alice A. Bailey	Die «Loge jenseits des Himalaya» inauguriert das psychisch-wissenschaftliche Ego, und Konfuzius wird reinkarnieren.
1980	Innocent Rissault	Der Antichrist beginnt sein Treiben.
80er Jahre	Nostradamus	Zusammenbruch des Kommunismus (IV, 32). Der Skandal um die Vatikanbank Ambrosiano (VI, 9).
1982	Alice A. Bailey	In der geistigen Hierarchie befinden wir uns in Sonnensystem II, Erdkette II, Globus IV, Runde IV, Wurzelströmung V.
1985	Jeane Dixon (1978)	Ein Komet wird auf die Erde aufprallen.
1987	José Argüelles	Veranstaltet die Harmonikalische Konvergenz.
1989	Ross Peterson (1977)	Bis zum Jahr 2030 werden auf der Erde große Umwälzungen stattfinden.
90er Jahre	Edgar Cayce	Japan wird nach Vulkanausbrüchen im Meer versinken. Vulkanausbrüche des Vesuv und des Mont Pelé werden in Südkalifornien, Nevada und Südamerika zu Erdbeben führen.
	Nostradamus	Der dritte König des Nordens wird erscheinen (*Vorrede*). Der Europäische Gemeinsame Markt wird an Bedeutung gewinnen (IV, 32; V, 51).
1990	Alice A. Bailey	Die Lehre von Shambhala wird verkündet, die Atlantische Charta formuliert werden.
	Nostradamus	USA und Rußland werden eine Allianz bilden (VI, 21; II, 89).
	Elizabeth Clare Prophet	Überschwemmungskatastrophen werden den Großteil der Menschheit vernichten.
1991	Nostradamus	Krieg im Nahen Osten, an dem ein Mann mit drei Wasserzeichen (Saddam Hussein) beteiligt ist (VIII, 70; V, 23). Sturz von Margaret Thatcher (VI, 59; VI, 74). Zusammenbruch der UdSSR (IV, 50); Bildung der Gemeinschaft Unabhängiger Staaten (V, 2; IX, 51; VIII, 17; VIII, 97). Rivalitäten zwischen russischen Führern (IX, 36). Sankt Petersburg erhält wieder seinen

Jahr	Prophet/Person	Prophezeiung/Ereignis
		alten Namen, und das Christentum kehrt nach Rußland zurück (V, 78). Krieg in Jugoslawien (IV, 82; VI, 96).
1992	Max Toth	Ende der Zeit-Datierungen der Großen Pyramide
1993	–	Uranus/Neptun-Konjunktion im Zeichen des Steinbocks
	Nostradamus	Krieg zwischen Rußland und USA (IV, 95). Unruhe im islamischen Teil der ehemaligen Sowjetunion (III, 95). Der Dritte Antichrist «ALUS» kommt aus dem Gebiet des Schwarzen Meeres oder aus China (V, 96; V, 54).
1994	Nostradamus	Einer 40 Monate dauernden Dürreperiode folgen Überschwemmungen, die einen großen Krieg auslösen können (I, 16; I, 17).
1995	Max Toth	Das Königreich des Geistes entsteht. Schwere Stürme suchen die Menschheit heim.
	Nostradamus	Französische oder spanische Papstkandidaten werden in Erwägung gezogen. Schließlich wird ein ungeliebter Papst gewählt. Spannungen in Albanien.
	Edgar Cayce	Der Ausbruch des Vulkans Taal (Philippinen) verursacht eine Katastrophe.
Mitte der 90er Jahre	Nostradamus	Schaffung eines palästinensischen Staates (III, 97). Krieg zwischen dem Christentum und dem Antichristen (V, 62). Islamische Vorherrschaft im Süden Rußlands; Flüchtlingsprobleme in Europa (VI, 80). Der Antichrist besiegt den Westen und die russische Konföderation (VII, 59). Wasser und roter Hagel bedecken die Oberfläche der Erde (VIII, 77).
1996	Nostradamus	Große Hitze, Stürme und Hungersnöte aufgrund der Zerstörung der Ozonschicht der Erde sowie andere Naturkatastrophen (IV, 67). Zerstörung von Slawonien (IV, 82). Rassenunterschiede führen zu Auseinandersetzungen und Blutvergießen; Krieg zwischen China und Rußland (VI, 10).

Jahr	Prophet/Person	Prophezeiung/Ereignis
1996	Sun Bear	Es beginnen drei Jahre des Hungerns auf der Welt.
1997	Edgar Cayce	New York City, Connecticut, South Carolina und Georgia werden überflutet. Die Großen Seen entleeren sich in den Golf von Mexiko. Zweite Amerikanische Revolution durch die Bürgerrechtsbewegung.
	Carl G. Jung	Das Neue Zeitalter beginnt.
	Nostradamus	Rückeroberung von Gibraltar (V, 35). Beginn des Dritten Weltkriegs.
1998	Edgar Cayce (1934)	Höhepunkt von 40 Jahren Krisen und Chaos. Große Teile der Küste der USA werden überflutet.
1998	Edgar Cayce (1941)	Japan wird überflutet. Cayces mögliche Inkarnation als «Befreier der Welt».
	Nostradamus	Der Antichrist setzt einen Antipapst auf den Stuhl Petri; große Kriege und Schlachten; der Tod vieler führt zu den tausend Friedensjahren (*Vorrede*). Prinz Charles wird König von Großbritannien und nimmt Rache für seine Brüder (X, 26). Ende der Monarchie in Großbritannien (VIII, 97). Plünderungen, große Feuer und Kriege ausgelöst durch Meteore; New York City wird durch brennenden Himmel zerstört; weitverbreitete Brände, die nicht mehr gelöscht werden können; ein König erscheint in der Stadt (V, 8; IV, 92).
1999	Adventisten vom Siebenten Tag	Das Ende der Welt
	Astrologen	Großes Kreuz der Planeten im August
	Alice A. Bailey	Die Kräfte des Bösen und des Materialismus auf der Erde sammeln sich. Übergang vom Fische- zum Wassermann-Zeitalter.
	Edgar Cayce	Die Verschiebung der Erdachse löst Katastrophen aus.
	Criswell (1978)	Das Ende der Welt
	Fatima (1919)	Weltweites Armageddon

Jahr	Prophet/Person	Prophezeiung/Ereignis
	Goodman (1979)	Weltweite Erdbeben
	Hideo Itakawa	Weltuntergang im August
	Nostradamus	Ankunft des Großen Schreckensherrschers (X, 72). Zwei Flüsse werden durch Blut und Pest rot gefärbt (VI, 98). Seuchen, Hungersnöte und Naturkatastrophen. Armageddon.
	C. T. Russell (1916)	Der Jüngste Tag, an dem Gottes Heiliger Plan enthüllt wird.
	Zeugen Jehovas	Untergang der Welt
2000	Alice A. Bailey	Wiederkunft Christi
	Edgar Cayce	Eine Große Planetenkonstellation im Sonnensystem. Schwere Erdbeben in der Türkei und in Jugoslawien. Teile der USA versinken im Meer. Der Golfstrom ändert seine Bahn. Teile der Britischen Inseln gehen unter. London wird Küstenstadt. Aus der Nordsee steigt Land empor. Skandinavien wird überflutet. Hawaii und Japan brechen auseinander. Es entsteht ein neues Klima. Ende des alten Weltzeitalters. Beginn des Wassermann-Zeitalters. Wiederkunft Christi.
	Jeane Dixon (1978)	Die Geographie der Erde verändert sich vollkommen. Riesige Flutwellen
	Fatima	Wiederkunft Christi
	Garabandal	Das Ende der Welt
	Hebräische Gelehrte	Die nächste Schemitah, in welcher der Friede regieren wird.
	Margaret Hone	Das Neue Zeitalter
	Herman Kahn (1974)	Totale Überlegenheit der japanischen Wirtschaft
	Malachias-Weissagung	Das Ende der Welt
	A. T. Mann	Das Millennium. Übergang in ein neues Weltzeitalter.
	Nostradamus	Ende des alten Weltzeitalters. Geburt des Großen Messias, Wiederkunft Christi und Aufstieg des Christentums (u. a. V, 96). Das

Jahr	Prophet/Person	Prophezeiung/Ereignis
2000	Nostradamus	Neue Arabische Reich wird Iran, Ägypten und die Türkei angreifen (V, 25).
	Innocent Rissault	Endgültiges Schisma der Kirche und Zerstörung von Rom. Der Antichrist wird als Weltherrscher akzeptiert.
	A. Voldben	Beginn des Wassermann-Zeitalters
2001	G. Barbarin	Das Millennium
	Edgar Cayce	Die Verlagerung der Erdachse ist abgeschlossen.
2002	Nostradamus	Ein furchtbarer Krieg, dem die Herrschaft eines neuen Königs folgt.
2010	Peter Lemesurier	Beginn des Wassermann-Zeitalters
2012	José Argüelles	Baktun der Transformation der Materie, Zusammenbruch der bisherigen Weltzivilisation.
	T. u. D. McKenna	Wiederauferstehung der Menschheit in das Licht
2013	Willaru Huayta	Ende des Inka-Kalenders
2020	Adrian Duncan	Beginn des Wassermann-Zeitalters
2023	A. Voldben	Beginn des Wassermann-Zeitalters
2025	Djwhal Khul	Manifestation des Vierten Strahles. Bildung der Welt-Föderaton der Nationen.
	Max Toth	Zusammenbruch der Menschheit
2034	Max Toth	Zeichen, die auf die Ankunft des Messias hindeuten.
2040	Max Toth	Die Wiederkunft des Messias
2060	Dane Rudhyar	Beginn des Wassermann-Zeitalters
2100	Edgar Cayce	Cayces zukünftige Inkarnation in Nebraska
2116	Max Toth	Tod des inkarnierten Messias
2135	Max Toth	Dritte Inkarnation des Messias
2160	Gordon Strachan	Beginn des Wassermann-Zeitalters
	A. Voldben	Beginn des Wassermann-Zeitalters
2250	Nostradamus (1556)	Ende des Mondzyklus

Jahr	Prophet/Person	Prophezeiung/Ereignis
2265	Max Toth	Vierte Inkarnation des Messias
2537	Hl. Vinzenz	Das Millennium
2813	Robert Hand	Beginn des Wassermann-Zeitalters
2827	Nostradamus	Vorausberechnetes Ende des Jubeljahres
2874	Morton Edgar	Christi «Tag der Wiederherstellung»
2915	Morton Edgar	Die Freiheit der Wiederauferstandenen
2979	Rutherford	Letztes Datum, das in der Großen Pyramide gefunden wurde.
3797	Nostradamus	Das Ende der Zeiten
6300	Max Toth	Der Große Wendepunkt

I

Das Wesen der Prophezeiung

Im Anfang war das Wort,
und das Wort war bei Gott,
und Gott war das Wort.
Johannes 1, 1

Wir gehen auf das Jahr 2000 zu, daher ist es nicht verwunderlich, daß viele Menschen sich zu fragen beginnen, was auf sie und auf den Planeten Erde zukommen wird. Steht uns eine Katastrophe planetarischen Ausmaßes bevor, das Armageddon, das Jüngste Gericht, oder werden wir in das friedvolle Zeitalter des Wassermanns eintreten? Wird Christus wiederkehren? Wird mit der Jahrtausendwende das 360 000 Jahre dauernde Kali-Yuga, das «dunkle Zeitalter» enden, von dem in den Überlieferungen der Inder die Rede ist? Oder wird es zu einer Verlagerung der Erdachse kommen und dabei halb Kalifornien im Pazifischen Ozean versinken?

Nostradamus, Edgar Cayce, die Adventisten des Siebenten Tages und andere Propheten haben das Ende der Welt für das Jahr 2000 vorausgesagt. Für viele Christen wird dies gleichbedeutend mit der Wiederkunft Christi sein. Wir müssen damit rechnen, daß sich die Probleme unserer Zeit –

die Überbevölkerung, der Hunger, die politische Instabilität, die nukleare Bedrohung, Umweltverschmutzung, Aids, das Ozonloch, die Schwierigkeiten auf den Finanzmärkten und das Versagen der internationalen wirtschaftlichen und politischen Institutionen – in Zukunft weiter verschärfen werden. Im Jahr 2000 könnten uns diese Probleme noch stärker bedrücken als heute.

In diesem Buch soll gezeigt werden, was Propheten aus allen historischen Epochen über das Millennium, die Zeitenwende, das Weltgericht gesagt haben. Es gibt bemerkenswerte Ähnlichkeiten zwischen den verschiedenen hier vorgestellten Prophezeiungen, die zurückgehen auf die biblischen Bücher *Daniel* und *Hesekiel*, auf die *Offenbarung des Johannes* im Neuen Testament, auf Heilige und Mystiker, auf die magischen *Centurien* des Nostradamus, auf die Visionen von Edgar Cayce, auf mittelalterliche Phantasten und moderne Eschatologen sowie auf Astrologen. Es scheint, als ob einige dieser Propheten tatsächlich die Gabe besessen hätten, in die Zukunft zu sehen. Dieses Buch wird eine Vielzahl von Prophezeiungen in ihrem historischen Zusammenhang darstellen und aufzeigen, welche davon das Ende dieses Jahrtausends betreffen und ob zwischen ihnen Übereinstimmung darüber herrscht, welche Veränderungen wir zu erwarten haben und wann sie stattfinden werden. Das Urteil darüber, was von diesen Weissagungen zu halten ist, bleibt letztlich jedem einzelnen überlassen. Wenn der Leser sich ein Bild gemacht hat über die Voraussagen, ist es an ihm zu entscheiden, ob er den optimistischen oder den pessimistischen mehr vertraut.

Die Zeit und die Natur des Menschen

> Was uns beschäftigt, ist nicht die bezifferbare Zeit. Es ist vielmehr ihre Aufhebung im Geheimnis der Vertauschung von Überlieferung und Prophezeiung, welche dem Worte «Einst» seinen Doppelsinn von Vergangenheit und Gegenwart verleiht.[1]*

In früheren Zeiten war es für das Überleben unabdingbar zu wissen, wann der Winter hereinbrechen wird, wann die Früchte und Beeren reifen, die Tiere ihre Wanderung beginnen und die ersten Frühlingstage kommen würden. Der Wechsel der Jahreszeiten und die Zyklen der Natur hatten ihren festen Platz im überlieferten Wissen eines Stammes, doch das Verhalten der Menschen blieb immer unvorhersagbar.

Der Wunsch vorauszusehen, was morgen, nächste Woche oder nächsten Monat passieren wird, ist charakteristisch für den Menschen. Die Tiere leben fest eingebunden in den Rhythmus der Zeit, während wir versuchen müssen, uns das Phänomen «Zeit» begreiflich zu machen. Was wir über die Zeit und ihr Verstreichen lernen, nimmt einen zentralen Platz in unserer Erziehung ein. Man lehrt uns von klein auf, «nach vorn zu blicken», «für die Zukunft zu planen», und unser Erfolg im Leben kann davon abhängen, wie gut uns das gelingt.

Wir projizieren auch unsere Erfahrungen aus der Vergangenheit auf die Zukunft und setzen darauf, daß unsere Vision der Zukunft sich als realistisch erweist. In unserer Gefühlswelt und in unserem Arbeitsleben verspüren wir,

* Die hochgestellten Ziffern beziehen sich auf die Nummern im Teil «Anmerkungen und Quellennachweis», Seite 211.

wie wichtig es ist zu wissen, was in der Zukunft geschehen wird. Wenn wir mit einer momentanen Handlungsweise erfolgreich sind, dann sehen wir darin eine Bestätigung für unsere Fähigkeit, auch die Zukunft zu meistern. Wenn wir mit unserem momentanen Handeln aber keinen Erfolg haben, ziehen wir daraus auch Schlüsse für die Zukunft. Das bedeutet: Je nach unserem Tun und Lassen vermittelt uns die Vorausschau auf das Kommende größere Sicherheit oder größere Angst vor einem «bösen Ende». In der heutigen Zeit ist unsere persönliche Zukunft mehr denn je zuvor mit dem Überleben der gesamten Menschheit verknüpft, und Zukunftsprognosen sind dadurch ungleich vielschichtiger und schwieriger geworden. Wir müssen immer dringender immer mehr über die Zukunft wissen.

Wege der Zukunftsdeutung

Die Menschheit hat vielfältige Wege gefunden, sich die Zukunft zu erschließen: das Planen, das Prognostizieren, die Divination, die Prophezeiung.

Wir *planen*, indem wir gegenwärtige Verhaltensmuster in die Zukunft fortschreiben. Wir wissen, wann wir jeden Monat unser Geld erhalten, wann unser jährlicher Urlaub ansteht, wann unsere Kinder die Schule verlassen werden und wann wir uns aus dem Arbeitsleben zurückziehen werden, weil alle diese Dinge von uns entweder vorher festgelegt oder geplant worden sind. Wir versuchen, der Zukunft soweit wie möglich unseren Willen aufzudrücken, um das Ausgeliefertsein an künftige Entwicklungen und die Unwägbarkeiten des Lebens zu reduzieren. Manche Menschen bauen auf ihre Kraft, doch jede Planung kann durch unerwartete Ereignisse durchkreuzt werden, und es gibt im

Grunde nur wenige Bereiche unseres Daseins, in denen exakte Planung der Zukunft möglich ist – und es werden immer weniger.

Wir *prognostizieren*, was geschehen wird, indem wir Informationen, über die wir verfügen, extrapolieren. Buchmacher z. B. ermitteln die Gewinnchancen von Pferden anhand von deren Abschneiden in den vorangegangenen Rennen und anhand ihrer momentanen Favorisierung bei den Wettern. Ökonomen leiten ihre Vorhersagen von wirtschaftlichen Zyklen und von Entwicklungen ab, die sie in der Vergangenheit beobachtet haben. Die Wirtschaftsprognosen, die in den Massenmedien an uns herangetragen werden, haben darauf Einfluß, wie sich unser Einkommen entwikkeln wird, ob der Wert unserer Eigentumswohnung oder unserer Geldanlagen steigen oder sinken wird. Wetterprognosen beeinflussen unsere Pläne für die Feld- und Gartenarbeit, das Wochenende und für den Urlaub. Bevölkerungsprognosen geben darüber Auskunft, wie sich die Bevölkerungsdichte auf unserem Planeten entwickeln wird. Bei Versicherungen, die wir abschließen, werden die Risiken von den Versicherungsunternehmen sorgfältig abgewogen. Sei es bei einer Präsidentschaftswahl, bei der Ziehung der Lottozahlen oder beim Fußballspiel: Überall versucht man, Prognosen über die bevorstehenden Ergebnisse aufzustellen. Und durch ständige Messungen und daraus abgeleitete Versuchsberechnungen wird immer klarer, welches Verhängnis durch die Verschmutzung der Erde und der Atmosphäre und durch den fortschreitenden Abbau der schützenden Ozonschicht auf uns zukommt. Vorhersagen, Prognosen sind daher so etwas wie in Projektionen verwandelte Informationen. Man kann ohne Übertreibung sagen, daß Zukunftsprognosen die meisten Bereiche unseres heutigen Lebens in irgendeiner Weise beeinflussen.

Divination ist eine Möglichkeit der Fragenbeantwortung und der Zukunftsdeutung, die natürlich oder künstlich geschaffene Muster interpretiert, wie etwa den Vogelzug am Himmel, die Eingeweide von Opfertieren, das Muster, das sich beim Werfen von Knochen oder Steinen, beim Auseinandertrennen von Schafgarbenstielen oder beim Tarotkartenlegen ergibt. Der Weissager befragt das Orakel in einer feierlichen Zeremonie, oder er befaßt sich meditativ mit Gegenständen oder Erscheinungen in seiner Umgebung. Er deutet den Sinngehalt dieser Zeichen, die er entweder auf die Vergangenheit, die Gegenwart oder die Zukunft bezieht. Der Weissager interpretiert die divinatorischen Bilder *bewußt*, er wird von einem tiefen Verständnis dieser Muster geleitet.

Prophezeien bedeutet, «aus göttlicher Inspiration heraus sprechen». Ein Prophet ist jemand, der eine Offenbarung äußert, die er erhalten hat. Die Prophezeiung ist eine Gabe Gottes oder der Götter, oder eine Botschaft des universellen Geistes. Eine Prophezeiung vollzieht sich stets spontan, und oftmals sind sich Propheten über die Bedeutung und die Tragweite ihrer Botschaft gar nicht im klaren. Prophetische Verkündungen haben Ähnlichkeit mit Träumen, da es oft schwierig ist, sie zeitlich genau einzuordnen oder zu interpretieren. Einige der größten Propheten waren denn auch nicht in der Lage, ihre eigenen Prophezeiungen zu deuten.

Ein wesentlicher Unterschied zwischen Divination und Prophezeiung besteht darin, daß die Divination darauf abzielt, eine Frage zu beantworten oder die Bedeutung einer bestimmten Handlung zu ermitteln, wogegen die Prophezeiung nicht notwendigerweise auf ein bestimmtes konkretes Ziel ausgerichtet ist. Propheten fügen sich oft nur widerwillig in ihre Rolle, während jemand, der mit Hilfe von Divination weissagt, dies aus freien Stücken tut.

Trotz dieser grundlegenden Unterschiede sind die Bedingungen, unter denen sich Divination und Prophezeiungen vollziehen, manchmal durchaus ähnlich. Bei beiden wird das Unbewußte des Menschen aktiviert, gleichgültig, ob dies nun freiwillig geschieht oder nicht. Mönche, Magier, Medien und Meditierende – sie alle rufen ihre prophetischen Fähigkeiten wach, indem sie sich in einen Zustand der Entspannung versetzen und versuchen, alles aufzunehmen, was auf sie einströmen oder einwirken soll. Die Aufnahme dieser Botschaften kann durch meditative Musik, durch Trommeln, die Wiederholung von Mantras, durch Beschwörungen, halluzinogene Drogen oder Chemikalien, durch Kraftfelder, Visualisationen und durch eine Vielzahl anderer Hilfsmittel gefördert werden. Der amerikanische Seher Edgar Cayce[2] (1877–1945) war imstande, sozusagen auf Kommando in Trance zu fallen, einfach, indem er sich in seinem Büro niederlegte. Die meisten Propheten verfügen freilich nicht über eine derart weitgehende Kontrolle ihres «Kanals zum Unbewußten» und sind darauf angewiesen, zu warten, bis der Kontakt mit dem nicht-inkarnierten, «jenseitigen» Wesen zustande kommt.

Die Informationen, die durch Propheten übermittelt werden, unterscheiden sich sehr stark hinsichtlich ihrer Klarheit, ihrer Form und ihrem Inhalt. Manchmal wird eine Prophezeiung als Traum empfangen, in dem paradoxe oder sich widersprechende Bilder in eine ungewöhnliche Verbindung gebracht werden, wie z. B. im Offenbarungstraum des Evangelisten Johannes, der gehörnte Dämonen und himmlische Geister sah. In diesen Fällen dürfte ein Versuch, die Prophezeiung zu erklären, häufig zum Scheitern verurteilt sein.

Der französische Prophet und Astrologe Nostradamus[3] (1503–1566) erhielt seine Botschaften als Bilder und tat sie, in Vierzeilern ausgedrückt, kund. Nostradamus gab an, um Verfolgungen zu entgehen, habe er die Reihenfolge bewußt durcheinandergeworfen und die Klarheit der empfangenen Bilder verdunkelt. Er verwendete in seinen Versen eine eigentümliche Kombination aus alten und neuen Sprachen, astrologischen und alchemistischen Symbolen und kaum verständlichen Anspielungen.

Prophezeiungen können also in vielfältiger, verschlüsselter und widersprüchlicher Art verlautbart werden, und die Bedeutung der Prophezeiung kann oft genauso im Dunkeln liegen wie die Quelle der Botschaft. Kommt sie von Gott oder aus dem Unbewußten des Propheten? Dies zu entscheiden ist oft schwierig, wenn nicht gar unmöglich. Der Schweizer Tiefenpsychologe Carl Gustav Jung sprach vom *kollektiven Unbewußten*, einer Schicht des Unbewußten, die unter dem persönlichen Unbewußten liegt und der gesamten Menschheit gemeinsam ist. Es ist sozusagen das Erbe unserer gemeinsamen Vergangenheit, es speichert die Erfahrungen der Menschheit, die in uns schlummern. Jung fand heraus, daß sich die Bilderwelt individueller Träume mit derjenigen in den Mythen vieler Völker, auch frühgeschichtlicher Kulturen, deckt. Unter dem dünnen Lack der Normen und Verhaltensweisen, die uns die Zivilisation aufoktroyiert hat, liegt eine machtvolle Phantasiewelt, in der Engel und Dämonen agieren. Wenn wir uns dagegen wehren, dieser Welt in uns Ausdruck zu geben, dann bricht sie in unser Bewußtsein ein, und zwar gerade dann, wenn wir es am allerwenigsten erwarten. Der Umgang mit Prophezeiungen, den die Menschheit seit Tausenden von Jahren gewohnt ist, hat auf die Menschen von jeher eine magische und sensibilisierende Wirkung ausgeübt, und zwar wahrscheinlich wegen dieser Verbindung zum kollektiven Unbewußten. Die Prophetie muß eine starke Macht sein, denn sie zapft das kollektive Unbewußte an und bringt in allen von uns etwas zum Schwingen.

Die Propheten *sprechen für uns und zu uns*, denn sie erhalten Informationen aus dem kollektiven Unbewußten; sie sind in der Lage, dieses Wunder zu beschreiben und es denjenigen zu vermitteln, die diese Informationen nicht selbst erhalten können oder wollen.

Prophetie und Astrologie

Die Beziehung zwischen Prophetie und Astrologie ist komplex und widersprüchlich. Viele berühmte Propheten waren auch Astrologen, z. B. Nostradamus und der biblische Prophet Hesekiel. Astrologie ist eine Wissenschaft, die sich intuitive Fähigkeiten der Interpretation zunutze macht. Aufgrund dieses intuitiven Faktors sprechen manche auch von der «Kunst» der Astrologie, die sie über ihre rationale, mathematische Grundlage hinaushebe. Nostradamus erhob den Anspruch, ein Prophet zu sein, der sich der Sprache der Astrologie bediente, um zeitliche Festlegungen zu treffen, und manchmal auch, um zu bestimmen, auf wen sich seine Prophezeiungen bezogen. Er verband Prophetie und Astrologie auf seine eigene, unvergleichliche Weise, was die Faszination erklärt, die seine Prophezeiungen auf Generationen von Interpretatoren und auf die Öffentlichkeit ausübten.

Die Astrologie ist aufgrund ihres Systems von Entsprechungen für Propheten eine sinnvolle und nützliche Materie. So entspricht z. B. der Planet Mars dem Wandel, der Farbe Rot, dem männlichen Sexualprinzip, Fieber, Energie, Aggression, Kampf und Krieg, dem Nebennierenhormon, das den «Kampf- und Flucht-Mechanismus» hervorruft, dem Metall Eisen, dem Rubin und anderen roten Steinen, dem homöopathischen Heilmittel Aconitin (Eisenhut) und vielen anderen Eigenschaften und Substanzen. Wenn die Planetenenergie des Mars in einem Horoskop hervortritt, dann wird sich die «Mars-Energie» in dem betreffenden Menschen dadurch zeigen, daß seine kämpferischen Qualitäten aktiviert werden. Man glaubte sogar, daß der «rote Planet», sobald er in einer beherrschenden Position stand, Menschen und Völker dazu brachte, sich zu bekriegen.

«Mars regiert die Stunde!» informierte der Astrologe Seni angeblich seinen Arbeitgeber, den Feldherrn Wallenstein, kurz vor dessen Ermordung.

Als Nostradamus seine Prophezeiungen in Gedichtform niederschrieb, bezog er die Zeichen und Planeten auf Orte, Nationen, Menschentypen, einzelne Menschen und auf die Eigenschaften und Ereignisse, die mit ihnen in Verbindung standen. Auf diese Weise gewannen seine Vierzeiler eine Breite und Tiefe, die es nachfolgenden Interpreten erlaubte, sie ebenso ausführlich wie unterschiedlich zu deuten. Es ist schwierig zu beurteilen, ob Nostradamus seine Vierzeiler nur jeweils auf ein bestimmtes Ereignis bezog. In einem Vorwort, einer Art Widmungsbrief an seinen Sohn Caesar, brachte er indirekt zum Ausdruck, daß dies der Fall gewesen sei, aber die Lektüre seiner Prophezeiungen und ihre Anwendbarkeit auf spätere historische Ereignisse zeigt, daß man sie zu einer Vielzahl von Geschehnissen in Bezug setzen kann. Dadurch hat sein Werk eine zugleich universellere und geheimnisvollere Bedeutung gewonnen, und er war vor Verfolgungen zu seinen Lebzeiten geschützt. Denn die Inquisitoren versuchten ständig, ihn auch nur wegen des geringsten Fehlers zu belangen.

Intuitive Propheten

Viele der großen Denker gingen von der Intuition aus, und auch die hervorragendsten Mathematiker und andere Naturwissenschaftler nutzten ihre intuitiven Fähigkeiten. Bahnbrechende wissenschaftliche Fortschritte beruhten auf Träumen oder Phantasien. In gewisser Hinsicht handelte es sich dabei um Prophezeiungen. Die Idee der Ringstruktur des Benzols etwa kam dem deutschen Chemiker August Kekulé von Stradonitz im Jahre 1865, nachdem er in einer Vision Figuren gesehen hatte, die einen Kreis gebildet und sich an den Händen gehalten hatten.

> Ich rückte den Stuhl an den Herd heran und verfiel in Halbschlaf. Die Atome gaukelten vor meinen Augen umher. Lange Reihen, die in verschiedenen Formen dicht miteinander verbunden waren, alle in Bewegung und sich wie Schlangen ringelnd und drehend. Aber was war denn das? Eine der Schlangen biß sich in den eigenen Schwanz, und dieses Bild tanzte dann herausfordernd vor meinen Augen herum. Wie vom Blitz getroffen, wachte ich auf... Meine Herren, lernen wir zu träumen![4]

Auch René Descartes entdeckte das, was seiner Meinung nach der Schlüssel zur rationalen Wissenschaft war, durch eine Vision.

Einstein kam zu seiner Relativitätstheorie ebenfalls durch eine Vision, die er im Alter von Anfang zwanzig während einer Trambahnfahrt in Basel hatte, doch er benötigte danach noch ein ganzes Jahrzehnt, um die Theorie zu beschreiben und zu verifizieren.

> Diese elementaren Gesetzmäßigkeiten kann man nicht auf dem Wege der Logik entdecken. Das ist nur möglich, wenn man ein Gefühl hat für die Ordnung der Dinge, die der Welt der Erscheinungen zugrunde liegt.[5]

Sollten wir diese wichtigen Entdeckungen nun der wissenschaftlichen Methode oder eher einer prophetischen Gabe zugute halten? Unglücklicherweise werden in unserer Gesellschaft die Begriffe «Prophezeiung» und «Prophetie» mit dem irrationalen, dem geistig Unnormalen oder dem Phantastischen in Verbindung gebracht. Andererseits hat aber einer der größten Wissenschaftler gesagt:

> Was ich vor 22 Jahren schon prophezeit habe... das habe ich jetzt in voller Deutlichkeit ans Licht gebracht, und daß es sich so vollständig bewahrheitet hat, hat meine kühnsten Erwartungen übertroffen.

Das sagte Isaac Newton 1687 im Zusammenhang mit der Entdeckung seines Dritten Gesetzes über das Reaktionsprinzip.

Unsere Gesellschaft und unser Denken beruhen auf der Beobachtung von sich wiederholenden Phänomenen, die in der Art und Weise erneut auftreten, wie wir es erwarten, und wir neigen dazu, alle Erscheinungen, die sich nicht wiederholen oder über deren zyklisches Auftreten man nicht sicher sein kann, aus unserer «Logik» auszuschließen. Wir preisen und nutzen die Elektrizität, wenngleich wir sie nicht verstehen, weil wir wissen, daß sie vorhersagbar und berechenbar ist. Eine Prophezeiung gilt als inakzeptabel, es sei denn, der Prophet kann unter Beweis stellen, daß sie zutreffend ist. Das Faktische und das Vorhersagbare organisieren unser Leben, Prophezeiungen aber erschließen uns die Geheimnisse und die verborgenen Wahrheiten des Lebens.

Das Millennium

Noch bis ins späte 16. Jahrhundert glaubte man, die Schöpfung sei *das* Ereignis am Anfang der Zeit gewesen. Ausgehend von den Genealogien in der Bibel, insbesondere von den Lebensspannen und den Zeitabständen, die im Buch *Genesis* angegeben sind, ermittelte Nostradamus, daß zwischen Schöpfung und Sintflut ein Zeitraum von 2016 Jahren gelegen habe. So konnte er behaupten, er lebe im Augenblick exakt 4173 Jahre und acht Monate nach der Schöpfung.

Die Gelehrten stritten sich weiter über die Zahl der Jahre, die seit der Schöpfung vergangen seien. Der irische Bischof James Usher versuchte 1650 sogar, den Schöpfungsakt auf die Minute genau zu datieren. Uns erscheint das absurd, denn wir wissen, daß es unmöglich ist, die Erschaffung der Welt nach unseren modernen Zeitbegriffen zu messen, aber für die Menschen der Antike, des Mittelalters, der Renaissance und sogar später noch war dies eine natürliche und berechtigte Frage.

Ausgehend von einer derart präzisen Datierung der Schöpfung, hielt man es natürlich auch für möglich, historische Ereignisse vorherzusagen und sogar Aussagen über das Leben einzelner Menschen zu treffen, sofern der Schlüssel dazu bekannt war. Dadurch verblieb dem Betroffenen zwar nur noch eine minimale Willensfreiheit, aber diese Beschränkung wurde akzeptiert in dem Glauben daran, daß Gott unerbittlich das Fortschreiten der Zeit in die Zukunft hinein bestimme, so wie das Alte und Neue Testament es für die Vergangenheit beschrieben hatten.

Die Annahme der Berechenbarkeit künftiger Zeit enthielt eine wichtige Idee – die Vorstellung von der zyklischen Natur der Zeit. Die Geschichte hatte einen verborgenen Anfang und ein Ende und wiederholte sich in immer neuen Zyklen. Die Bibel beginnt mit der Schöpfung im Buch *Genesis* und endet mit der kataklysmischen, endzeitlichen Katastrophe in der *Offenbarung des Johannes*. Der Glaube, daß der Welt eine festgelegte Dauer beschieden ist und sie sich beständig ihrem Ende zubewegt, um danach wieder neu zu erstehen, steckt auch hinter der Vorstellung von einem «Millennium». Dieser Begriff bezeichnet eigentlich nur einen Zeitraum von tausend Jahren, aber in einem weiter gefaßten Sinn bedeutet er auch das Ende eines Zeitalters, das Ende der Welt oder das Jüngste Gericht.

In Kulturen, die auf dem Gedanken des Millenniums aufbauen, glaubt man, daß die Geschichte ein ritueller Prozeß ist, eine sich wiederholende Kette von Ereignissen, die schließlich auf das Ende der Welt hinauslaufen. In diesen Kulturen wird die zyklische Abfolge der Zeit durch Riten zum Ausdruck gebracht, die sich auf den Rhythmus der Tage, der Jahreszeiten, der Jahre und der Generationen beziehen.

Mit Riten, der Ausdrucksform von Mythen, sollten ursprünglich die Götter besänftigt werden; die Riten standen aber auch in Verbindung mit der Bewegung der Planeten oder mit jahreszeitlichen Ereignissen; sie wurden von ihnen sogar abgeleitet. Diese archetypischen Verhaltensweisen fanden eine Fortsetzung in den Gottesdiensten. In den frühen Kulturen identifizierten die Menschen sich mit den Göttern und mit dem All – eine Verbindung, die in unserer heutigen verwissenschaftlichten Welt verlorengegangen ist. Die Vorstellung einer periodischen Neuerschaffung der Welt, unterbrochen von Phasen der Ruhe und der Erholung, liegt allen Weltreligionen zugrunde, auch dem frühen Christentum. Das Millennium hat daher auch noch eine zusätzliche Bedeutung: Es steht für die universelle Erlösung. Da die Menschheit nach der Vertreibung aus dem Garten Eden mit der Erbsünde behaftet ist, werden am Ende der Welt die Seelen der Gerechten wiederauferstehen, erlöst sein und unter der Führung von Christus wiedergeboren werden. Christus ist der «kosmische Mensch», der diesen historischen Prozeß durch sein eigenes Leben verkörpert, und die Christen können die Erfahrung machen, daß er in ihnen lebt und daß sie eins sind mit dem Universum und mit Gott. Christus ist das Symbol für den Zyklus von Tod und Wiedergeburt.

Die Natur und das Messen der Zeit

Die Vorstellung von der Zeit als einer objektiven Größe ist relativ modern. Die Menschen der Frühzeit lebten eingebettet in eine zeitlose natürliche Welt. Jeden Tag ging die Sonne auf und wanderte über den Himmel, um am Abend wieder zu versinken. Die Sonne wurde angebetet, weil sie Licht spendete, und die Menschen wußten, wenn die Sonne einmal nicht mehr aufgehen wollte, dann würde es auch kein Leben mehr geben. Diese schreckenerregende Befürchtung bestand für sie jeden Tag. Sie konnten noch nicht wissen, daß die Bewegung der Planeten sich mechanisch vollzog. Statt dessen glaubten sie, daß die Sonne ein wohlgesonnener Gott war, den man anbeten und dem man Opfer darbringen mußte, weil er sonst ihre Welt in Dunkelheit tauchen würde.

In ähnlicher Weise rief auch der Mond, der den nächtlichen Himmel durchquerte, Bewunderung und Furcht hervor, insbesondere deshalb, weil er, der den ganzen Monat lang so auffällig am Himmel stand, im Laufe seines Zyklus immer wieder für drei Tage verschwand. Die Rückkehr seiner schmalen Sichel führte jedesmal zu einem Seufzer der Erleichterung, denn die Gottheit war zurückgekehrt und wachte wieder über den nächtlichen Himmel. Bis heute beginnt im islamischen Kalender ein Monat mit dem ersten Erscheinen des zunehmenden Mondes.

Die Entwicklung der Astrologie in Babylonien, Chaldäa und Ägypten gab den Menschen genauere Instrumente zur Vorhersage der Zukunft an die Hand. Sie konnten nun astronomische Tabellen und Kalkulationen bis weit in die Zukunft hinein erstellen, und die Kontrolle über diese Information verschaffte den Priestern einen gewaltigen Machtvorsprung gegenüber den Königen und erst recht gegenüber dem Volk.

Im Zentrum der ägyptischen Religion stand die Anbetung des Sonnengottes Ra. Die Barke der Sonne durchquerte jeden Tag den Himmel; des Nachts durchwanderten ihn die Sterne und der Mond. Der nächtliche Himmel wurde als die Göttin Nut personifiziert. Ihr Körper bildete das nächtliche Himmelsgewölbe, über das die Gestirne zogen. Aufgrund der Ähnlichkeit, die man zwischen der Nacht und dem Tod sah, wurde Nut oft auf Särgen oder in Grabkammern dargestellt.

Mythen, in denen Himmelsgötter eine Rolle spielen, hielten sich selbst in der christlichen Welt bis über die Zeit der Renaissance hinaus, die vor 500 Jahren zu Ende ging, wenngleich viele dieser Mythen nur in Sagen, Märchen, Bräuchen und Redensarten überdauerten. In der Astrologie werden über die Namen der Planeten immer noch mythologische Bezüge zu diesen Göttern oder Göttinnen hergestellt, und ihre Popularität zeigt, welche Anziehungskraft diese Himmelsgottheiten als Sternzeichen immer noch auf uns ausüben.

In der modernen Tiefenpsychologie und der Psychotherapie befaßt man sich ebenfalls mit der Vorstellung, daß Gottheiten im Menschen wohnen und Frauen und Männer Archetypen von Göttinnen bzw. Göttern in sich tragen.[6] Ein wichtiger Schlüssel zum Verständnis dieser Mythologien liegt in den Geheimnissen der großen Zyklen der Welt.

2

Die Geheimnisse der Tierkreiszeichen

Das Weltenjahr

Die frühen Astrologen kamen aufgrund der einzelnen Planetenzyklen naheliegenderweise zu der Annahme, daß das Leben auf der Erde durch längere Zyklen aller Planeten zusammen bestimmt werde. Das Weltenjahr oder das Große Jahr (*Annus Magnus*) wurde als derjenige Zeitraum definiert, innerhalb dessen die Planeten wieder zu ihrer ursprünglichen Position zurückkehrten, an der sie zu Anbeginn der Welt gestanden hatten. Man ging davon aus, daß die Zeit einen Anfang und ein Ende hatte und daß alles Geschehen, also die Geschichte, zu einem Abschluß kommen würde, um sich dann in genau demselben Ablauf zu wiederholen. Es wurden zwar verschiedene Zeiträume für das Große Jahr angegeben, aber man war davon überzeugt, daß für die Geschichte eine bestimmte unveränderliche Zeitspanne festgelegt war.

Wir stellen diese Annahme heute in Frage, vor allem, weil erst in den letzten zwei Jahrhunderten die drei äußeren Planeten Uranus, Neptun und Pluto entdeckt worden sind. Bis zur Entdeckung des Uranus (1781) galt der Saturn als der am weitesten von der Sonne entfernte Planet. Da die Umlaufzeit des Saturn um die Sonne nur 29½ Jahre beträgt, schien es logisch, daß sich der große Zyklus aller Planeten ständig wiederholt, wenngleich die früheren Astrologen keine bestimmte Dauer dafür angeben konnten.

Doch im Altertum herrschte die Überzeugung vor, daß es in der Vergangenheit eine astrologisch besonders wichtige Konstellation der Planeten gegeben haben mußte, die sich später erneut einstellen würde. Daraus schloß man, daß die Ereignisse, die durch diese Konstellation ausgelöst worden waren, ebenfalls erneut eintreten würden. Und da es nach dieser besonderen Konstellation wieder zu denselben zyklischen Abläufen kommen würde, ging man auch davon aus, daß sich die Geschichte immer wieder in unveränderter Abfolge wiederholen müsse.

Diese Vorstellung des geschichtlichen Prozesses, die man als die «Wiederkehr des ewig Gleichen» bezeichnete, war in der antiken Welt vorherrschend, wurde von großen Philosophen wie Platon und Pythagoras und zweieinhalb Jahrtausende später sogar noch von Friedrich Nietzsche geteilt. Zenon und Chrysippos, die Meister der Schule der Stoa, lehrten, daß sich identische Weltzeitalter bis ins kleinste Detail wiederholen und daß die Menschen ihr Leben genau in derselben Weise erneut leben müßten. Aus dieser Auffassung wurde der Begriff «Stoizismus» abgeleitet, der für passives Hinnehmen der Gegebenheiten und völlige Gleichgültigkeit gegenüber dem Leben steht.

Eine gängige Theorie besagte, daß alle Planeten bei 0° im ersten Tierkreiszeichen, dem Widder, starteten und daß bis zu ihrer Rückkehr zu dieser Position ein Weltenjahr vergangen sei. Man glaubte, diese Weltenjahre würden sich in identischer Form wiederholen, in einem ewigen Kreislauf.

Für die Länge eines Großen Jahres gab es unterschiedliche Berechnungen, wie folgende Beispiele zeigen:

I Hsing (8. Jh.)	96 961 740 Jahre
Mandäer-Schule	480 000 Jahre
Lindos, Astronom aus Rhodos	290 000 Jahre
Wu Lin-Chuan (13. Jh.)	129 000 Jahre
Origenes und Hipparchos	36 000 Jahre
Siger von Brabant	36 000 Jahre
Heraklit	10 800 Jahre
Aristarchos aus Samos	2484 Jahre

In der christlichen Überlieferung wurden das Sterben und die Wiedergeburt der Welt durch exakte Daten bezeichnet. Da in der Bibel angegeben war, wie lange die frühen Propheten gelebt hatten, und da auch die Zeitspanne genannt wurde, die seit der Erschaffung der Welt verstrichen war, versuchten die Gelehrten, das Alter der Welt und die Positionen der Planeten zum Zeitpunkt der Schöpfung auszurechnen, in der Annahme, eine Rückkehr zu dieser Position werde dann das Ende eines Weltzeitalters bedeuten.

Der Lauf der Welt wurde als eine Parallele zum Leben Christi aufgefaßt. Denn den geheimnisvollen Vorgang der Auferstehung konnte man sowohl auf Christus wie auch auf die Welt insgesamt beziehen.

Über das Alter der Welt wurde mit scheinbar überzeugenden Hypothesen und zwingenden Argumenten erbittert gestritten und die Dauer eines Weltenjahres zu einem zentralen Thema der frühchristlichen Geschichtsschreibung. Die *Septuaginta*, die erste Übersetzung des hebräisch verfaßten Alten Testaments ins Griechische, datierte die Erschaffung der Welt auf das Jahr 5960 v. Chr., der jüdische Historiker Flavius Josephus auf 3952, Beda Venerabilis, der Vater der englischen Geschichtsschreibung, auf 3949, Abraham Judaeus auf 3761 und Bischof James Usher auf Punkt 6 Uhr abends am 22. Oktober des Jahres 4004 v. Chr.

Das folgende Zitat aus der *Vorrede an Heinrich II.* zeigt, wie Nostradamus an dieses Thema heranging:

> Die Zeitspanne seit unseren ersten Vorfahren sieht nämlich so aus – und in diesem Fall unterwerfe ich mich der Korrektur des heiligen Gerichts: Adam, der erste Mensch, lebte ungefähr 1240 Jahre vor Noah. Ich gebe diese Zeiträume allein nach der Heiligen Schrift an und nach astronomischen Berechnungen, soweit sie mein schwacher Geist bewältigen konnte. Nach Noah und nach der großen Sintflut, ungefähr 1080 Jahre später, lebte Abraham. Er war auch ein hervorragender Astrologe, und er erfand das chaldäische Alphabet. Dann kam Moses, ungefähr 515 oder 516 Jahre später. Zwischen der Zeit von David und Moses vergingen ungefähr 570 Jahre. Nach David und der Zeit unseres Retters und Erlösers, Jesus Christus, der von der einzigartigen Jungfrau geboren wurde, verstrichen, nach einigen Geschichtsforschern, 1350 Jahre.[1]

Nach diesen Informationen datierte Nostradamus die Erschaffung der Welt auf ungefähr 4700 Jahre v. Chr. Das ist besonders deshalb wichtig, weil die zeitlichen Angaben seiner Prophezeiungen ebenfalls auf dieser Datierung beruhen.

Die Verschiebung der Tagundnachtgleiche

Während die Dauer eines Weltenjahres also auf der Grundlage unzutreffender Planetenzyklen errechnet wurde, war die Verschiebung der Tagundnachtgleiche, d. h. der Äquinoktialpunkte, die von den Ägyptern entdeckt wurde, ein astronomisch belegbares Phänomen.

Weil die Rotationsachse der Erde mit der Ebene ihrer Bahn um die Sonne einen Neigungswinkel bildet, entstehen die verschiedenen Jahreszeiten: Die nördliche Halbkugel ist während einer Jahreshälfte der Sonne zugewendet, während der anderen Hälfte von ihr abgewendet. Da sich die Erde in einer unvollkommenen Kreiselbewegung um ihre Achse dreht, verschiebt sich die Lage der Himmelspole rückläufig. Für einen vollen Umlauf benötigt die Erdachse ungefähr 25 000 Jahre. Aufgrund dieser rückwärtsgerichteten Verschiebung des Äquinoktialpunkts, des Achsenanzeigers, von einem Sternzeichen in das nächste entstehen die verschiedenen Tierkreis-Zeitalter. Das Wassermann-Zeitalter beginnt beispielsweise dann heraufzudämmern, wenn der Äquinoktialpunkt das Fische-Zeichen verläßt, in dem er während der letzten 2000 Jahre gestanden ist.

Jesus Christus wird dem Zeichen der Fische zugeordnet. Während des Widder-Zeitalters von 2000 v. Chr. bis zu Christi Geburt entwickelten sich im Nahen Osten und in anderen Weltgegenden Widder-Kulte. Im Stier-Zeitalter, das von 4000 v. Chr. bis 2000 v. Chr. dauerte, entstanden Stier-Kulte wie z. B. der ägyptische Apis-Kult.

Man weiß heute, daß ein vollständiger Äquinoktialzyklus 25 725 Jahre beträgt, aber es ist immer noch ungeklärt, wo die verschiedenen Konstellationen beginnen und enden. Daher hat die Frage der exakten Datierung des Wassermann-Zeitalters Anlaß zu heftigen Spekulationen und intensiven Debatten gegeben (siehe dazu S. 189 ff.). Es hat sich die Auffassung durchgesetzt, daß der Eintritt des Achsenanzeigers in das Zeichen des Wassermanns den Beginn eines Zeitalters der Brüderlichkeit und des Friedens ankündigt, in dem die christliche Religion abgelöst werden soll durch ein «New Age», ein Neues Zeitalter, das auf einer Synthese universeller religiöser Prinzipien basiert.

Alle diese vorangegangenen Weltepochen haben ein Phänomen hervorgebracht, das den Lauf der Geschichte beeinflußt hat – die Vorstellung des Millenniums, des Weltgerichts.

3
Das Weltgericht

Die Geschichte der Offenbarungen und Prophezeiungen reicht weit in die Vergangenheit der Menschheit zurück. Viele der großen Weltreligionen entstanden aus visionären Erlebnissen oder Begegnungen: Moses wurden die *Zehn Gebote* eingegeben; Buddha erlangte die Erleuchtung, während er unter dem Bodhi-Baum meditierte; die Apostel von Jesus Christus empfingen ihre *Evangelien* und *Offenbarungen* in Visionen; Mohammed wurde der *Koran* durch den Erzengel Gabriel überbracht; Joseph Smith wurde durch eine Eingebung zu den goldenen Tafeln geleitet, nach denen er *Das Buch Mormon* (1830) verfaßte. Diese prophetischen Botschaften und Eingaben haben die Glaubensvorstellungen der Menschheit geprägt und tun es bis heute.

Eine altägyptische Prophezeiung

Der *Papyrus Anana*, der im Jahre 1320 v. Chr. verfaßt wurde, bietet einen faszinierenden Einblick in die Prophetie dieser frühen Zeit – und auch hier ist schon die Rede von einem bevorstehenden Millennium.

Seht, was geschrieben steht in dieser Rolle. Wer immer dies in den Tagen, die noch kommen, findet, möge es lesen, sofern seine Götter ihm dazu die Fähigkeit gegeben haben.

Lest, ihr Kinder der Zukunft, und lernt die Geheimnisse der Vergangenheit kennen, die von euch so weit entfernt und deren Wahrheit doch so nahe ist.

Die Menschen leben nicht nur einmal, um dann für immer zu verschwinden, sie leben mehrere Male, an verschiedenen Orten, wenn auch nicht allein in dieser Welt.

Zwischen den verschiedenen Leben liegt ein Schleier der Dunkelheit. Aber am Ende werden alle Türen geöffnet, und wir werden alle Räume sehen, die unsere Füße von Anbeginn an durchwandert haben.

Unsere Religion lehrt uns, daß wir ewig leben ... Da aber die Ewigkeit kein Ende hat, kann sie auch keinen Anfang haben. Es ist ein Kreislauf. Wenn also das eine wahr ist, nämlich, daß wir ohne Ende leben, dann muß auch das andere wahr sein, ... nämlich, daß wir schon immer gelebt haben.

Für die Augen der Menschheit hat Gott viele Gesichter, aber sie sind alle falsch, weil sie alle wahr sind.

Unsere Ka, unsere Geistwesen, zeigen sich uns in verschiedener Weise. Sie zehren von dem unendlichen Mantel des Wissens und liegen verborgen im Innersten eines jeden Menschen; sie gewähren jenen, die vorbereitet sind, Einblicke in die Wahrheit und geben ihnen die Fähigkeit, mit Wundern umzugehen.

Für die Ägypter ist der Skarabäus-Käfer zwar kein Gott, aber ein Symbol des Schöpfers, denn er rollt ein Kügelchen Mist vor sich her und legt darin seine Eier ab, um sie auszubrüten, so wie der Schöpfer die Weltkugel umherrollt, was dazu führt, daß sie Leben hervorbringt.

Alle Götter senden ihre Gaben der Liebe auf diese Erde, ohne welche sie aufhören würde zu existieren. Mein Glaube lehrt mich möglicherweise klarer als der deinige, daß das Leben mit dem Tod nicht endet und daß deshalb die Liebe, die Seele des Lebens, in alle Ewigkeit Bestand haben muß.
Die Kraft der unsichtbaren Zeit bindet die Seelen aneinander, noch lange, nachdem die Welt untergegangen ist. Und am Ende werden die verschiedenen Vergangenheiten sich enthüllen.[1]

Die zyklische Vorstellung der Zeit und alles, was damit zusammenhing, unterstützte die Ausprägung des Reinkarnationsgedankens, dem in der ägyptischen und in anderen Religionen eine zentrale Bedeutung zukommt. Und zu dieser zyklischen Auffassung der Geschichte gehört auch die Vorstellung eines Millenniums, eines Weltgerichts, zu dem alle Seelen wieder auferstehen. «Millennium» bedeutet, wie schon dargestellt, nicht nur «tausend Jahre», sondern steht für die Wiederkunft Christi, die Zeitenwende, das Ende einer Weltepoche oder für den Übergang in ein neues Tierkreis-Zeitalter.

Biblische Prophezeiungen

> Und der Mond wird schamrot werden,
> und die Sonne wird sich schämen,
> wenn der Herr Zebaoth König sein wird.
>
> *Jesaja* 24, 23

Die hebräischen Heilslehren beruhen auf den Visionen und Prophezeiungen von Moses, die im *Pentateuch*, den Fünf Büchern Mose, enthalten sind. Die wichtigsten Propheten, die ihm nachfolgten, waren Josua, Jesaja, Jeremia, Hesekiel und Daniel. Allerdings wurden diesen und anderen Propheten so viele Bücher zugeschrieben, daß die Rabbis Schwierigkeiten hatten zu entscheiden, welche Bücher in das Alte Testament aufgenommen werden sollten und welche nicht.

Die Juden unterscheiden sich in der antiken Welt von den übrigen Völkern vor allem durch ihre einzigartige Auffassung der Geschichte. Sie waren die ersten Monotheisten – es gab für sie nur einen Gott, und die Juden waren sein «auserwähltes Volk». Jahwe herrschte über die Zeit und über die Geschichte, und ihn zu verehren berechtigte zu hochgespannten Erwartungen für die Zukunft, was vor dem Hintergrund des schweren Leides zu sehen ist, dem die Juden über Tausende von Jahren und bis heute ausgesetzt waren.

Die apokalyptische Literatur des Judentums kreist um die Vorstellung, daß nach einer großen Katastrophe ein neues Palästina entstehen werde, daß ein neuer Garten Eden, ein Paradies auf Erden sein wird. Man glaubte aber auch, daß vor der Errichtung dieses Paradieses ein Jüngstes Gericht stattfinden werde. Israels Feinde würden dann für die Verfolgung von Gottes auserwähltem Volk büßen müssen, und Gerechtigkeit und Rechtschaffenheit würden sich durchsetzen. Als Ursache für alle auftretenden Mißhelligkeiten wurde angenommen, daß das jüdische Volk in irgendeiner Weise von seinem Gott abgefallen sei, entweder dadurch, daß es ihm in der Anbetung Gottes an Ehrfurcht gemangelt oder daß es ein nicht gottgefälliges Verhalten an den Tag gelegt habe. Jahwe war ein leicht zu erzürnender, strenger und kompromißloser patriarchischer Gott.

Am deutlichsten kommt die Tradition der jüdischen Propheten in dem im 2. Jahrhundert v. Chr. entstandenen Buch *Daniel* zum Ausdruck. Nachdem sie Jahrhunderte lang in Frieden gelebt hatten, gerieten die Juden unter die Herrschaft der Seleukiden und begannen darüber zu streiten, ob sie die griechische Kultur übernehmen oder ihre angestammten Traditionen und den Glauben an ihre Vorväter beibehalten sollten. Der Traum des Daniel und die Vision des Hesekiel stimmen darin überein, daß beide die vier fixen Tierkreiszeichen – Stier, Löwe, Skorpion und Wassermann – von gewaltigen Kräften umringt sahen, die auf sie einwirkten. Der griechische Dämon drohte die ganze Erde in Stücke zu reißen und zu verschlingen, und einzig Israel in Gestalt des «Menschensohnes» konnte seiner Herr werden. Wegen seines Heldenmuts und seiner Tapferkeit erhält Israel schließlich nicht nur Jerusalem, sondern die gesamte Welt als Belohnung.

Die Vorstellung einer schlechten Welt, die von tyrannischen und dämonischen Mächten beherrscht wird, die über ein ungeheures Zerstörungspotential verfügen und nur von Jahwe besiegt werden können, der als einziger den Mächten der Finsternis Einhalt gebieten kann, ist ein sehr eindrucksvolles archetypisches Bild. Es ist aber auch ein Propagandawerkzeug, das die Juden über Tausende von Jahren eingesetzt haben und das unverändert in das Christentum eingegangen ist. Die Sehnsucht der Juden nach einem Retter, der sie aus der Erniedrigung herausführen würde, ist charakteristisch für ihre Religion. Als sich das politische Blatt wieder wendete und sie fortan von den Römern verfolgt wurden, nahmen die Fähigkeiten, die dem Retter zugeschrieben wurden, immer verklärtere Züge an.

In der Prophezeiung von *Esra* ist der Messias der Löwe von Juda, der den römischen Adler vertreibt, welcher schließlich angezündet und vernichtet wird. Die Erwartungen der Juden steigerten sich immer mehr, nahmen immer fanatischere Züge an und fanden ihren Höhepunkt nach der Zerstörung des Tempels von Jerusalem im Jahre 70 n. Chr.

Nach dem Tod von Jesus Christus wurden die jüdischen Millenniums-Prophezeiungen vom Christentum übernommen, in dessen Lehre sie bald einen zentralen Stellenwert bekamen. Die frühen Christen glaubten, Jesus werde wiederkehren und ihnen für die Verfolgungen, die sie hatten erdulden müssen, Gerechtigkeit widerfahren lassen. In der Prophezeiung des *Matthäus* heißt es, der Menschensohn werde nach seiner Wiederkunft alle Menschen entsprechend ihren Taten belohnen. Die Zeit, in der alle Übel der Geschichte gesühnt werden sollten, wurde erwartungsvoll herbeigesehnt und prägte das gesamte Denken des frühen Christentums.

Die Christen lebten in der Vorstellung, Jesus werde nach seiner Wiederkehr ein Reich von dieser Welt errichten, das über Tausende von Jahren Bestand haben werde. Die Erwartung dieses Jahrtausends des Friedens und des Wohlergehens stand in schroffem Gegensatz zu der gewalterfüllten Realität, in der sie auch noch lebten, nachdem Rom gefallen war und barbarische Horden das Römische Reich überfluteten.

Ein besonderes Kennzeichen der Religion des frühen Judentums ist das «Verschleiern» der Wirklichkeit, gleichsam, um sie profanen Blicken zu entziehen. Das Buch *Henoch* spricht von einem kosmischen Vorhang, einer Art «Gedächtnis-Mantel», der bildliche Darstellungen aller Dinge enthält, die seit dem Tag der Schöpfung erschaffen worden sind. Alles existiert bereits einmal in den himmlischen Sphären, und alle Menschen, alle Generationen und alles, was sie erleben oder was sie tun, ist in das Gewebe dieses Schleiers oder Mantels eingewoben. Alles, was geschieht, läuft unweigerlich auf die große, letzte Auseinandersetzung zwischen Gut und Böse hinaus, die ihren Höhepunkt im Erscheinen des Messias findet, im Weltgericht.

Die jüdischen Schriftgelehrten konzentrierten sich in ihren historischen Forschungen darauf, das Datum herauszufinden, an dem sich die Erlösung der Welt vollziehen werde. Die *Apokalypse des Abraham* und das Buch *Henoch* enthalten Beschreibungen vom Ende der Welt und symbolische Berechnungen des Zeitpunkts der Erlösung.[2] An diesem Tag würden all die Geheimnisse, die jetzt noch den Eingeweihten und Mystikern vorbehalten seien, allen Menschen bekanntgegeben werden: «Alles wird enthüllt werden.»

Das Hoffen auf das Kommen eines Messias gehört zu den zentralen Glaubenssätzen der jüdischen und der christlichen Religion, und viele Menschen in der modernen Welt werden von dieser Erwartung, von diesem Glauben geprägt, ob sie sich dessen bewußt sind oder nicht. Diese Vorstellung, von der die Menschheit seit Jahrtausenden fasziniert ist, hat sich in unser Unbewußtes eingegraben und beeinflußt unser Handeln und Denken, auch wenn wir uns dies nicht eingestehen wollen.

Das hebräische Millennium und das Jubeljahr

Die Zahl Sieben hat in der jüdisch-christlichen Tradition mehrere Bedeutungen. Die Sieben verkörpert die Schwingungen der *Harmonie*. Das Buch *Leviticus* (3. Buch Mose, Kap. 23) nennt den siebten Tag der Woche als ersten Feiertag, abgeleitet von Gottes Ruhepausen am siebten Tag der Schöpfung. Die sieben Sakramente symbolisieren die sieben Tage der Woche, ebenso die sieben Lebensalter des Menschen, und sie spiegeln sich auch im täglichen Gebetsrhythmus und im jährlichen Reigen der sieben großen religiösen Feste wider. Die Termine dieser sieben Feste werden entsprechend einer musikalischen Einleitung des Kalenders festgelegt, wonach jeder Monat einem Halbton einer Oktave entspricht.[3]

Auch das Quadrat aus der Sieben wird häufig verwendet. Das «Wochenfest», ein Erntefest, wurde sieben Wochen (7×7 Tage) nach dem «Fest der ersten Garbe» gefeiert, und fünfzig Tage danach (einen Tag nach dem siebten Sabbat) wurde ein Getreideopfer dargebracht. Schawuot, der fünfzigste Tag nach dem Tag des Auszugs aus Ägypten, ist einer der drei großen Feiertage im Jahr, mit denen der Übergabe der Zehn Gebote an Moses auf dem Berg Sinai gedacht wird. Ostern wird fünfzig Tage (7×7+1) vor dem Erntefest Pentecost gefeiert. Die Sieben und die ihr zugeschriebenen Kräfte beherrschen also den religiösen Kalender und spielten einst eine zentrale Rolle in der Schemitah, der hebräischen Theorie über die Zyklen der Zeit und der Geschichte. Der jüdische Kalender beruht auf Siebener-Zyklen – die sieben Tage der Woche, die Einteilung des Jahres in sieben Abschnitte zu je fünfzig Tagen zuzüglich fünf weiteren Tagen und die sieben mal sieben plus einen Tag bis zum Pentecost. Das Prinzip des Sieben-mal-Sieben prägte die gesamte Geschichte. Jede Woche gab es einen Sabbat, und alle sieben Jahre war ein Sabbat-Jahr. Dieses Sabbat-Jahr war ursprünglich eine Erinnerung an die Bauern, ihre Äcker und Felder in jedem siebten Jahr brachliegen zu lassen, um diesen eine Erholungspause zu gönnen, damit sie danach wieder um so fruchtbarer werden würden. Dieser Brauch hat sich noch an Universitäten erhalten, wo Professoren ein freies Sabbat-Jahr zugestanden wird, das sie beliebig mit Forschungen und Studien verbringen können.

Jedes fünfzigste Jahr wird als Jubeljahr begangen.

> Du sollst sieben Jahreswochen, siebenmal sieben Jahre zählen, die Zeit von sieben Jahreswochen ergibt für dich 49 Jahre ... Erklärt das fünfzigste Jahr für heilig, und ruft Freiheit für alle Bewohner des Landes aus! Es gelte euch als Jubeljahr. Jeder von euch soll zu seinem Grundbesitz zurückkehren, jeder soll zu seiner Sippe heimkehren ... Ihr sollt nicht säen, den Nachwuchs nicht abernten, die unbeschnittenen Weinstöcke nicht lesen. Denn es ist ein Jubeljahr, es soll euch als heilig gelten.[4]

Schließlich gibt es auch noch einen großen Zyklus aus sieben mal siebentausend Jahren, an dessen Ende ein ganze tausend Jahre dauerndes Jubeljahr vorgesehen ist, genauso wie eine Woche durch den Sabbat beschlossen wird. In jedem dieser sieben Zyklen wird die Thora auf eine andere Weise interpretiert, und in den abschließenden tausend Jahren setzt sich dann ihre letztgültige Fassung durch.

In den heiligen Texten des 13. Jahrhunderts deuteten die Juden die aufeinanderfolgenden Weltzeitalter als eine symbolische Wiederholung des Schöpfungsprozesses, nach dem alle Dinge aus Gott hervorgehen und schließlich wieder zu ihm zurückkehren. In den folgenden Jahrhunderten war es für jeden jüdischen Schriftgelehrten wichtig, seine Meinung darüber kundzutun, in welchem Stadium des großen Zyklus die Menschheit sich befinde. Es wurde festgestellt, daß die Welt in unserem Zeitalter durch das Prinzip strenger Maßstäbe und harter Gerichte geprägt werde. Aber die gute Nachricht war, daß nach dem Ende der gegenwärtigen Schemitah im Jahr 2000 die Thora keine Verbote und Einschränkungen mehr enthalten werde, die Übel würden beseitigt und das Gottesreich könne verwirklicht werden.[5] Der Glaube an diesen esoterischen Zyklus der Zeit hatte und hat für den Kampf der Juden eine zentrale Bedeutung. Der Wunsch, nach Israel zurückzukehren, um sich auf die nächste Schemitah vorzubereiten, ist in der Geschichte des modernen Judentums eine wichtige Antriebskraft.

Der Glaube der Juden, daß alle Geschöpfe dem zyklischen Voranschreiten der Zeit unterworfen sind, gipfelte in der Vorstellung, daß am Ende eines Zeitalters ein Messias, ein Erlöser, kommen und die Menschen in ein neues Zeitalter führen werde.

Dieser Glaube, der das Herzstück der jüdisch-christlichen Tradition ausmacht, liegt dem religiösen Denken der westlichen Welt zugrunde. Im Buch *Sohar*, das von einem revolutionären Mystiker des Mittelalters verfaßt wurde, werden große Umwälzungen prophezeit, bevor am Ende der Welt das neue mystische Reich entstehen könne.

Die Ewige Welt der Griechen

Die griechische Vision der Welt, wie sie von Pythagoras und Platon formuliert worden war, war eine Welt von Ideen, von ewiggültigen Archetypen, aus denen sich die wirkliche Welt als ein unvollkommenes Ergebnis, eine schlechte Kopie, entwickelte. Das Weltmodell wurde aus der Bewegung der Planeten und der Sterne, aus ihren Bahnen, die sie über den Himmel zogen, abgeleitet. Das Reich der Götter und Göttinnen war eine rationale Welt mit einer festgefügten Hierarchie – eine fatalistische Welt, die durch die Handlungen der Götter (bzw. der Planeten) und die entsprechenden Reaktionen bestimmt wurde. Der Himmel war göttlich und die Erde weltlich, eine Trennung, die für unüberbrückbar gehalten wurde.

Der Kosmos war das Abbild der göttlichen Ordnung der Welt. Seine automatischen Bewegungen, das Regelwerk, das dahintersteckte, nahmen sich für einen Menschen der Antike, der an Unordnung, an das Unberechenbare und Unbegreifliche gewöhnt war, sehr beruhigend aus. Es kam dadurch zwar eine rationale Ordnung in die Welt, aber sie lähmte auch den freien Willen und die Unabhängigkeit der Menschen, denn alles, was geschah, schien unausweichlich und unabänderlich.

Die Geschichte schien keinen Anfang und kein Ende zu haben, weil ihr Ende unweigerlich wieder zu einem Neuanfang führte. Platon meinte, jeder Mensch werde auf ewig wiedergeboren, wobei unentwickelte Seelen es oftmals vorzögen, sich immer wieder in demselben Körper zu inkarnieren, trotz dessen bekannten Beschränkungen, anstatt das Risiko einer neuen Inkarnation auf sich zu nehmen. Ein strikter Determinismus beherrschte alles Lebendige. Seine Wirkung war einerseits beeindruckend in ihrer Konsequenz, andererseits aber auch niederschmetternd für den menschlichen Geist. Einzig durch die Flucht in das Transzendentale konnte man sich Erleichterung verschaffen. Die konsequentesten Vertreter dieses Denkens waren die Stoiker, die glaubten, daß sich die Welt bis in alle Ewigkeit auch in den kleinsten Details ständig wiederhole, und die deshalb verkündeten, man müsse die Wirklichkeit so akzeptieren, wie sie sei, ohne auch nur den geringsten Versuch zu unternehmen, sie in irgendeiner Weise zu verändern.[6]

Es ist nicht überraschend, daß diese philosophische Weltsicht auf den Erkenntnissen der Astrologie fußte. Die mathematisch exakten Bewegungen und Wechselbeziehungen der Planeten beherrschten und gestalteten das Schicksal der Menschen. Man konnte ihm nicht entrinnen, mußte sich ihm fügen. Ergebung in das Unabänderliche war gefordert, aber gegen Ende der griechisch-römischen Ära taten sich in Gestalt gnostischer Glaubensrichtungen doch einige Fluchtwege auf.

Römische Wahrsager

Die Römer waren berühmt wegen ihrer Vorliebe für Wahrsager. Die Astrologie war im Römischen Reich eine hochgeschätzte Wissenschaft und blühte unter den Cäsaren auf. Der Astrologe Publius Figulus prophezeite, der kleine Sohn des römischen Senators Octavius werde einmal ein Beherrscher der Welt werden, und tatsächlich wurde aus diesem schließlich der Kaiser Augustus. Kein Wunder, daß er großes Vertrauen in die Astrologen und Propheten hatte. Die Wahrsager galten als undurchschaubar und geheimnisvoll, so wie vor ihrer Zeit das Delphische Orakel, und ihre Antworten konnten von den Machthabern so interpretiert werden, daß sie Machtwillen und Ruhm rechtfertigten.

Die Geburt Christi wurde nicht nur im Morgenland, sondern auch in Rom vorausgesagt und erwartet. In der Legende um seine Geburt tauchten nicht von ungefähr drei Weise auf, Magier und Astrologen, die den Stern von Bethlehem sahen und sich aufmachten, um den Heiland zu sehen und ihm Geschenke zu überbringen. Dieser Aspekt des christlichen Glaubens hatte etwas Magisches an sich, und das sprach die Bevölkerung Roms an, die schließlich zum Christentum übertrat. Am Ende des 1. Jahrhunderts n. Chr. hatte die Astrologie in Rom nahezu den Status einer Religion, und die Prophetie spielte in der Entwicklung der römischen und frühen christlichen Kultur eine eminent wichtige Rolle, wobei astrologische und magische Elemente häufig miteinander verwoben waren.

4
Das Christentum und die Apokalypse

Christus als Mittelpunkt der Geschichte

Mit dem Aufstieg des Christentums zu religiöser und weltlicher Macht veränderte sich die allgemeine Vorstellung von der Welt, und die Geschichte erhielt einen neuen Mittelpunkt. Die Zeit wurde nicht länger zyklisch verstanden, sondern als eine geradlinige, zielgerichtete Entwicklung, die bei der Schöpfung ihren Anfang nahm und beim Jüngsten Gericht endete. Die Geschichte erschien als ein Voranschreiten aus einem vorchristlichen und primitiven Zustand zu einem zivilisierten und entwickelten Stadium, das in der Herrschaft des Christentums seinen Höhepunkt fand.

Die christliche Auffassung der Zeit markierte also einen radikalen Bruch mit der zyklischen Zeitvorstellung der antiken Welt. Die christlichen Gnostiker glaubten zwar auch an eine zyklische Aufeinanderfolge der Weltzeitalter, aber die Wortführer der stark materialistisch eingestellten Kirchenhierarchie in den ersten Jahrhunderten nach Christus schalteten diese gnostischen Einflüsse aus und ersetzten sie durch eine radikal neue, diesseitig-weltbezogene Ethik. Die nunmehr lineare Auffassung vom Ablauf der Zeit, die Vorstellung von einem einzigen «Bogen» der Zeit, verlangte von den Gläubigen gewaltige geistige Sprünge.

Der auf die Ewigkeit ausgerichtete Zeitbegriff des Altertums ging nun verloren. Die Geschichte war kein in sich zurückkehrender und sich wiederholender Zyklus mehr, der Gedanke eines ewigen Kreislaufes verschwand aus dem Bewußtsein. Die Welt wurde ein Ort, an dem sich einmalige Dinge ereigneten, sie war nicht länger, wie man früher angenommen hatte, der Schauplatz ständig sich wiederholender Manifestationen des Archetypischen. Anders als in der ewigkeitsbezogenen Welt der griechischen Götter und Göttinnen oder in der hinduistischen und buddhistischen Religion passierte alles in der einzigen vorhandenen Zeit. Die Ursache für historische Ereignisse wurde nun in bestimmten rationalen Vorgängen gesehen und nicht mehr als unabänderliche Folge ewiger Wiederkehr oder in Äußerungen des Archetypischen. Die Begründung der Geschichte schien nun in ihr selbst zu liegen und nicht länger außerhalb von ihr.

Das Datum von Christi Geburt wurde zum Wendepunkt der Geschichte. Historische Ereignisse hatten entweder vor oder nach Christi Geburt stattgefunden, und alles, was davor lag, wurde als eine Vorbereitung und Hinführung zur Geburt des Herrn aufgefaßt.[1]

Daß man Jahresangaben nach Christi Geburt mit *Anno Domini* bezeichnen sollte, schlug Dionysius Exiguus im Jahr 525 vor. Damals war in Europa noch der römische Kalender in Gebrauch. Aber erst 1681 machte der französische Theologe Bossuet den Vorschlag, für die Jahre vor diesem Datum die Bezeichnung «vor Christus» zu verwenden.

Mit der Begründung des Islam durch Mohammed wurde auch das Ausgangsdatum der islamischen Zeitrechnung festgelegt. Hier beginnt die Zählung der Jahre mit der Hedschra, Mohammeds Übersiedlung von Mekka nach Medina am 16. Juli 622, die als 1. Muharram gesetzt wird. Die nachfolgenden Jahre werden als AH bezeichnet, was für *Ab Hedschra* steht. Das Jahr 1991 n. Chr. beispielsweise war das Jahr 1363 AH im islamischen Kalender.[2] Allerdings benutzen die meisten Moslems in ihrem täglichen Leben den westlichen Kalender; der islamische Kalender wird in erster Linie in religiösem Zusammenhang verwendet.

Das Weltgericht im Christentum

Jesus war der Neue Adam, er verkörperte gewissermaßen den ersten Menschen in der neuen Zeit, und mit ihm brach das Reich der Herrlichkeit an. Die Propheten hatten vorausgesagt, daß die Ereignisse, die in der Bibel beschrieben wurden, in der Geburt des Herrn ihren Höhepunkt finden würden. Das Jahr 1 der christlichen Zeitrechnung teilte die Geschichte in zwei Abschnitte, verband diese aber auch miteinander: eine vorbereitende Periode, die durch die Schöpfung und den Sündenfall eingeleitet wurde und schließlich in der Inkarnation Christi zu ihrem Abschluß kam, und eine zweite Periode der Vollendung, die auf die Wiederkunft Christi hinauslief.[3]

Nach christlicher Auffassung beginnt der Weltlauf mit dem Sündenfall und bewegt sich dann mit unausweichlicher Konsequenz auf das Jüngste Gericht und die Erlösung zu, die in der *Offenbarung des Johannes* angekündigt wird. Der Übergang von der zyklischen zur linearen Sichtweise der Zeit bedeutete auch, daß Christus *nur einmal* gekreuzigt wurde und daß die Menschen in der Welt und in der Zeit nur *ein* Leben zu leben haben. Wir müssen deshalb in *diesem* Leben die Befreiung von den Sünden zu erlangen suchen und können nicht auf eine neue Chance in späteren Inkarnationen hoffen. Die Ablehnung der früheren philosophischen Weltzeitalter-Annahmen und des Reinkarnationsgedankens geschah auf dem 5. Ökumenischen Konzil in Konstantinopel im Jahre 553.

Da die Christen sich die Zeit nun als eine lineare Entwicklung zu denken hatten, gerieten sie unter starken moralischen Druck, denn sie mußten sich jetzt innerhalb der *einzigen* ihnen gegebenen Lebensspanne um ein gottgefälliges Leben frei von Sünden bemühen. Auch der Kreislauf der ewigen Wiederkehr wurde durchbrochen. Der Mensch hat sich nicht mehr mit einer ewigen Seele oder einem «Selbst» zu identifizieren, aus dem mehrere, zeitlich begrenzte Verkörperungen hervorgehen, sondern er ist eine einmalige Verbindung aus Körper, Geist und Seele, die nach der Erlösung der Welt wiederauferstehen wird.

Schon in den ersten Jahrhunderten des Christentums verbreitete sich der Gedanke eines tausendjährigen Reiches. Die *Offenbarung des Johannes* (20, 4–6) begründete den Glauben, Christus werde nach seiner Rückkehr auf die Erde ein Gottesreich errichten, über das er dann tausend Jahre lang herrscht. An der gleichen Stelle heißt es auch, in diesem Gottesreich sollten die christlichen Märtyrer leben, die schon tausend Jahre vor der allgemeinen Wiederauferstehung wiedererweckt werden würden. Da die frühen Christen sich als eben jene Märtyrer betrachteten, identifizierten sie sich mit den Bewohnern dieses Reiches und erwarteten die Wiederkehr Christi noch zu ihren Lebzeiten.[4]

Die Offenbarung des Johannes

> Selig, wer diese prophetischen Worte
> vorliest und wer sie hört und wer sich
> an das hält, was geschrieben ist;
> denn die Zeit ist nahe.
>
> *Offenbarung* 1, 3

Ephesos und Patmos liegen in der östlichen Ägäis nicht weit voneinander entfernt. Auf der Insel Patmos, seinem Verbannungsort, soll der Apostel Johannes seine Weissagungsschrift, die *Offenbarung* (griech.: Apokalypse) verfaßt haben. Ephesos an der türkischen Küste galt für die vorchristlichen Religionen als heilige Stadt, denn hier befand sich der Tempel der Diana, und die Stadt war das Zentrum der Geheimlehre. Sie war gewissermaßen ein Laboratorium, in dem mystisches Christentum, Buddhismus, chaldäische und zoroastrische Philosophie miteinander vermischt wurden. Angeblich soll auch die Jungfrau Maria hier ihre letzten Tage verbracht haben, und es wurde vermutet, das geheime Grab des Johannes befinde sich unter den nahegelegenen Bergen.

Die enge Nachbarschaft dieser zwei spirituellen Zentren leistete der Auffassung Vorschub, mit der *Offenbarung* lasse sich ein esoterisches und mystisches Christentum begründen. Darüber hinaus wurde die *Offenbarung* auch als ein heiliges Buch der eleusinischen, ägyptischen und griechischen Mysterienkulte angesehen. Das Buch hat heftige und kontroverse Debatten ausgelöst, denn es ist ein tiefgründiges Werk, in das christliche und vorchristliche Einflüsse gleichermaßen eingegangen sind. Infolgedessen wurde es auf vielfältigste Art und Weise interpretiert, bei vielen Gelegenheiten herangezogen und mit allen möglichen historischen Ereignissen in Verbindung gebracht.

Die *Offenbarung des Johannes* ist eine dramatische Vision des Weltendes, voller bizarrer Bilder und fremdartiger Wesen; sie ist weit entfernt von der Nüchternheit des Christentums und ähnelt viel mehr den frühen Mysterienkulten, die im Nahen Osten, in Äypten und Griechenland verbreitet waren. In der Eingangsvision wird beschrieben, wie dem «Knecht Johannes» ein Wesen erschien, das Alpha und Omega verkörperte, den Anfang und das Ende, umgeben von sieben goldenen Leuchtern und mit sieben Sternen in der Hand. Dieses Wesen ist der große Archetypus Logos, eine Synthese aus den antiken Göttern Kronos, dem Vater der Zeit, und Selene, der Mondgöttin der Jahreszeiten und des Wassers, und anderen archetypischen Gottheiten. Logos verfügt über den Schlüssel zu Leben, Tod und Wiedergeburt und über das Wissen von den alten Mysterien.

Die sieben Kirchengemeinden in Kleinasien, für die Johannes Botschaften entgegennimmt, entsprechen den sieben Tagen der Schöpfung, den sieben «Wurzelströmungen» der Chakra-Energie, die den menschlichen Körper durchströmt, und der geistigen Stufenleiter, die ein Eingeweihter erklettern muß, um die höchste spirituelle Ebene zu erreichen.

Dann sah Johannes einen riesigen Thron im Himmel, von dem Blitz und Donner ausgingen und der von 24 weiteren Thronen umgeben war, auf denen 24 Älteste saßen, die in weiße Gewänder gehüllt waren und goldene Kränze auf den Häuptern trugen. Sieben Fackeln brannten und leuchteten dem Allherrscher, der in seiner rechten Hand ein Buch mit sieben Siegeln hielt, die zu öffnen noch niemand im Himmel oder auf Erden für würdig befunden worden war. Ein Lamm mit sieben Hörnern und sieben Augen, eine symbolische Verkörperung von Jesus Christus und des Widder-Sternzeichens, trat hinzu und nahm das Buch aus der Hand des Herrschers. Die Ältesten fielen auf die Knie, um Gott und das Lamm anzubeten.

Als die ersten vier Siegel erbrochen wurden, erschienen die vier apokalyptischen Reiter. Diese Reiter symbolisieren die vier Elemente oder auch die vier Zeitalter der Welt, die Yugas des Hinduismus. Der letzte Reiter ist der Tod, er reitet auf einem fahlen Pferd; er herrscht über das letzte dieser Zeitalter und über ein Viertel der Erde, und er hat die Macht, mit Hunger und Schwert zu töten.

Nachdem das fünfte Siegel geöffnet war, erschienen all jene Seelen, die deswegen hingeschlachtet worden waren, weil sie das Wort Gottes verbreitet hatten. Nach dem Erbrechen des sechsten Siegels entstand ein großes Erdbeben, die Sonne verdunkelte sich, und der Mond wurde rot wie Blut. Die Sterne fielen vom Himmel, und Berge und Inseln wurden von ihren Plätzen weggerückt. Der Große Tag des göttlichen Zorns war gekommen. Die Engel des Windes erschienen, und einer dieser Engel drückte 144 000 Knechten Gottes das Siegel auf die Stirn, damit sie am Tag des Gerichts verschont werden sollten.

Als das siebte Siegel geöffnet wurde, trat für eine kurze Zeit Stille ein. Dann zeigten sich sieben Engel, die Gottes Namen riefen, und auf der Erde ereigneten sich große Katastrophen. Ein großer Stern, der «Wermut» genannt wurde, fiel vom Himmel herunter, was als ein Symbol für die Entweihung des göttlichen Wissens durch die Menschen zu verstehen ist. Dann griffen Dämonen diejenigen Menschen an, die nicht das Siegel auf der Stirn trugen. Heuschrecken, Skorpione und andere grauenerregende Geschöpfe fielen über die Lebewesen auf der Erde her und peinigten sie solange, bis sie die Erlösung durch den Tod herbeisehnten.

Dann erschien ein weiterer Engel, er hielt ein Büchlein in der Hand und forderte Johannes auf, es aufzuessen, damit er des althergebrachten Wissens teilhaftig werden könne. Der Engel trug ihm auf: «Du mußt nochmals weissagen über viele Völker und Nationen und Sprachen und Könige.» Johannes erhielt ein stabähnliches Rohr, mit dem er den Tempel Gottes, den Altar und diejenigen, die darin beteten, messen sollte. Dann gab ihm der Engel noch genaue Anweisungen, all jene zu retten und zu verschonen, die ihr Tun bereuten und sich zu Gott bekannten.

Es erschien eine schwangere Frau, die von der Sonne umkleidet war, den Mond unter ihren Füßen hatte und auf dem Kopf einen Kranz aus zwölf Sternen. Ein großer, feuchter Drache trat vor sie hin, erschreckte sie und drohte, gleich nach der Geburt ihr Kind zu verschlingen. Nachdem der Erzengel Michael den Drachen besiegt hatte, wurde dieser, der Satan, aus dem Himmel auf die Erde gestürzt und begann daraufhin, auf der Welt Krieg zu führen und die Menschen zu täuschen.

Dann stand Johannes am Ufer des Meeres, und dort sah er aus den Fluten ein Tier aufsteigen, das sieben Köpfe und zehn Hörner hatte. Das war das Tier der Apokalypse, seine Zahl betrug 666. Dieses Geschöpf ist der Antichrist, dem der Dämon Macht verleiht.

Während der Fall von Babylon, der Stadt des Lasters und der Unzucht, verkündet wurde, sammelte das Lamm seine 144 000 geretteten Seelen um sich. Diese beobachteten, wie die anderen starben und unter den Plagen litten, die ihnen als Vergeltung für ihre Sünden auferlegt wurden. Denn die sieben Engel, die die Plejaden repräsentieren, schütteten ihre heiligen Schalen mit den sieben Plagen über der Erde aus. Dann erschien die gefallene Frau, die große Hure Babylon, auf einem scharlachroten Tier, sie hielt einen Becher, der voll von Abscheulichkeiten war, in der Hand. Die Engel stimmten einen Jubelchor an, priesen Gott und zerstörten schließlich die Erde und die Völker, die auf ihr lebten.

Allein Gott in seiner Allmacht überdauerte, und bald sollte die Hochzeit des Lammes folgen. Johannes fiel vor den Füßen des Lamms zu Boden, aber das Lamm sagte zu ihm: «Nur nicht! Ich bin dein Mitknecht und der Mitknecht deiner Brüder, der Propheten und derer, die die Worte dieses Buches bewahren. Gott bete an!» Der Himmel öffnete sich, und ein weißes Roß trat hervor, angetan mit einem Mantel, auf dem das Wort Gottes geschrieben stand, und ihm folgten die göttlichen Heerscharen, gekleidet in weißes Leinen. Auf dem Mantel des Rosses stand geschrieben: «König der Könige und Herr der Herren!» Die himmlischen Heerscharen führten Krieg gegen das Tier der Apokalypse, besiegten und töteten es und verbannten den Satan für tausend Jahre in einen Abgrund. Nach dieser Zeit allerdings sollte er wieder freigelassen werden.

> Und ich sah die Toten vor dem Thron stehen, die Großen und die Kleinen. Und Bücher wurden aufgeschlagen, auch das Buch des Lebens. Die Toten wurden nach ihren Werken gerichtet, nach dem, was in den Büchern aufgeschrieben war ... Wer nicht im Buch des Lebens verzeichnet war, wurde in den Feuersee geworfen. Das ist der zweite Tod: der Feuersee.
> Dann sah ich einen neuen Himmel und eine neue Erde, denn der erste Himmel und die erste Erde sind vergangen. Ich sah die heilige Stadt, das neue Jerusalem, von Gott her aus dem Himmel herabkommen; sie war bereit wie eine Braut, die sich für ihren Mann geschmückt hat ... Gott sagte zu mir: «Ich bin das Alpha und das Omega, der Anfang und das Ende.»[5]

Die Stadt Jerusalem wurde Johannes in allen Einzelheiten beschrieben, mit den zwölf Engeln, die die Tore der Stadt bewachen und die zwölf Stämme Israels verkörpern, und es wurden ihm auch die Ausmaße der Stadt, ihrer Tore und Mauern gezeigt. In der Mitte der Stadt floß der Strom des Lebens, klar wie Kristall, der vom Thron Gottes und des Lammes ausging.

> Zwischen der Straße der Stadt und dem Strom hüben und drüben stehen die Bäume des Lebens. Zwölfmal tragen sie Früchte, jeden Monat einmal, und die Blätter der Bäume dienen zur Heilung der Völker ... Und der Engel sagte zu mir: «Diese Worte sind zuverlässig und wahr. Gott, der Herr über den Geist der Propheten, hat seinen Engel gesandt, um seinen Knechten zu zeigen, was bald geschehen muß.»[6]

Die Prophezeiungen der *Offenbarung* enden mit den Worten: «Die Gnade des Herrn Jesus sei mit Euch allen.»

Diese biblische Prophezeiung ist außerordentlich suggestiv, und die Ankündigung der Zerstörung der Welt ist sowohl für unsere Zeit relevant wie auch für die frühen Christen, die vor 2000 Jahren gelebt haben. Die Hauptbotschaft dieser Prophezeiung lautet, daß Gott die Guten belohnt und die Bösen bestraft. Uneinigkeit herrscht allerdings über die zeitliche Festlegung der kommenden tausendjährigen Friedensära und darüber, ob und wie man die in der Prophezeiung verwendeten Bilder auf bestimmte Ereignisse in der Welt beziehen kann.

Millenniums-Kulte

In den Jahren nach Christi Tod wurden noch viele ähnliche apokalyptische Schriften verfaßt. Zu ihnen gehört auch die große Anzahl sogenannter apokrypher, d. h. unsicherer Texte, die von den frühen Kirchenvätern aus dem Neuen Testament verbannt wurden.

In der *Apokalypse des Thomas* heißt es, Jesus habe dem Apostel Thomas eingegeben, daß zwischen seiner Himmelfahrt und seiner zweiten Herabkunft ein Zeitraum von neun Jubeljahren vergehen werde. Zu den interessantesten Prophezeiungen in diesem Buch gehört die folgende Aussage:

> Wenn die letzten Tage nahe sind, wird unerwartet ein König kommen, der großen Wert auf das Gesetz legen wird, aber seine Herrschaft wird nicht lange währen. Er wird zwei Söhne hinterlassen. Der erste wird nach dem ersten Brief benannt werden, der zweite nach dem achten Brief. Der erste wird vor dem zweiten sterben.
> Danach werden zwei Fürsten kommen, die die Völker unterdrücken und unter deren Regierung eine große Hungersnot ausbrechen wird in einem Teil des Ostens, so daß die Völker sich gegeneinander erheben werden und man sie aus ihren Grenzen vertreiben wird.[7]

Das Buch spricht dann von großen Fluten, die die Verbindungen zwischen den Menschen abbrechen lassen, vom Sterben aller Lebewesen östlich von Babylon und von den sieben Zeichen, die das Ende der Welt ankündigen. Es werde Kämpfe zwischen Königen geben, Stimmen, die vom Himmel herab sprechen, sowie Seuchen und Hungerkatastrophen auf der Erde. Nach dem Ende dieser Heimsuchungen würden die Auserwählten vor den Thron des Herrn treten dürfen, um dann bis in alle Ewigkeit im Reich Gottes zu leben.

Die anderen Apokryphen wie z. B. die *Apokalypse der Jungfrau Maria*, die *Offenbarung des Stefan*, die *Apokalypse des Petrus* und die *Apokalypse des Paulus* ähneln in Stil und Inhalt sehr deutlich der *Offenbarung des Johannes*. Diese Bücher sind jedoch stärker von gnostischen Einflüssen geprägt als die kirchlich akzeptierte Version des Johannes, und sie lesen sich eher wie eine frühe Version von Dantes *Inferno* denn wie eine Apokalypse der Bibel. So werden insbesondere in der *Apokalypse des Paulus* zahlreiche Orte in der Hölle und im Paradies beschrieben, und der erzieherische Charakter des Textes, der ihn für die Bekehrung Un- oder Andersgläubiger nutzbar macht, steht im Vordergrund. Diese Apokryphen, die etwa ein bis drei Jahrhunderte nach der *Offenbarung des Johannes* verfaßt wurden, blieben in der Bevölkerung lange Zeit sehr populär.

Die *Offenbarung* wurde von vielen Interpreten wörtlich genommen und ebenso oft in symbolischer Weise ausgelegt. Im Jahre 156 erklärte sich ein gewisser Montanus zu einer Inkarnation des Heiligen Geistes und kündigte an, er werde die wahre Botschaft der *Offenbarung* enthüllen – nämlich, daß die Errichtung des Neuen Jerusalem unmittelbar bevorstehe. Tausende von «Montanisten» strömten nach Phrygien in Kleinasien, um die Wiederkunft des Herrn, fastend und reumütig um Vergebung betend, mitzuerleben.[8] Sie waren aber nur die ersten, die durch die Prophezeiungen dieses Buches bekehrt wurden.

Vielfach wurde auch der konkrete Zeitpunkt vorausgesagt, an dem das in der *Offenbarung* angekündigte Weltgericht stattfinden werde. In vielen Vorhersagen aus den ersten Jahren nach Bekanntwerden des Buches wurde für den Zusammenbruch allerdings ein Datum angegeben, das weit jenseits der Lebensspanne der Zeitgenossen lag, was zweifellos klug war. Manche versuchten, den Zeitpunkt der Apokalypse mit Hilfe der Numerologie zu ermitteln. In der *Offenbarung* kommen viele Zahlen vor, und deren Bedeutung entging denjenigen nicht, die sich in der Zahlensymbolik auskannten. Eine Zeitlang war das Jahr 666 ein beliebtes Datum für die Apokalypse, abgeleitet aus der kabbalistischen Gematria des Namens des apokalyptischen Tieres, dessen Zahl mit sechshundert, sechzig und sechs angegeben wurde. Gematria ist eine Methode der Umwandlung eines Namens in entsprechende Zahlenwerte, indem jedem Buchstaben des griechischen Alphabets eine Zahl zugeordnet wird. Nachdem die Zahlenwerte der Buchstaben eines griechischen Namens zusammengezählt sind, dechiffriert man deren Bedeutung. Durch diese Methode kam man auf das Datum 666. Andere errechneten, schon im Jahre 365 werde die Welt zugrunde gehen, während wieder andere den großen Wendepunkt in das ferne Jahr 6300 hinausschoben.

Zur Zeit des hl. Augustinus, im 4./5. Jahrhundert n. Chr., wurde die Astrologie als ketzerischer Kult verdammt. Obwohl sich Augustinus als junger Mann auch für die Astrologie interessiert hatte, bekam er später aus theologischen Gründen Schwierigkeiten mit der Vorstellung, daß die Planeten das Schicksal des Menschen bestimmten, und er verurteilte Astrologie und Prophetie mit der Begründung, daß die Planeten sich nicht die Macht Gottes anmaßen dürften. Andererseits billigte er ihnen aber im Ablauf der Geschichte einen gewissen Einfluß zu – insgesamt eine etwas fragwürdige Logik. Doch seine Auffassung prägte die Haltung der Kirche viele Jahrhunderte lang, und die ganze Prophetie kam in Verruf.

In seinem großen Werk *Über den Gottesstaat* vertrat

Augustinus die Ansicht, die *Offenbarung* sei als eine spirituelle Allegorie anzusehen und das Millennium sei schon verwirklicht worden: Es habe mit der Kreuzigung seinen Anfang genommen. Augustinus' Auffassung setzte sich schnell durch, und daher wurden in der Folgezeit alle anderslautenden Äußerungen über die Apokalypse und das tausendjährige Gottesreich als unorthodox, wenn nicht gar als ketzerisch abgetan. Doch die Christen, die nach wie vor an diese Prophezeiung glaubten, betrachteten sich weiterhin als Erwählte und nicht etwa als Gefolgsleute des Teufels. Sie hielten sich für das vom Herrn auserwählte Volk.

Die Sibyllinischen Orakel

In der letzten Phase des Römischen Reiches weckten die *Sibyllinischen Weissagungen* (5./6. Jh.) in der Bevölkerung wieder die Erwartung, daß eine Zeitenwende bevorstehe.[9] Diese religiösen Texte, die, in griechischer Sprache abgefaßt, ursprünglich für die Bekehrung von Heiden zum Judentum eingesetzt worden waren, erfreuten sich großer Beliebtheit. Als die Kirchenfürsten dieser Zeit erkannten, wie populär diese Schriften waren, ließen sie eigene Versionen erstellen. Hauptperson in diesen Orakeln war der Christus aus der *Offenbarung* – der kriegerische, kämpferische Christus, der gegen den Teufel vorgeht.

In den christlichen Sibyllinen wurde Kaiser Konstantin der Große (4. Jh.) als messianischer König dargestellt, und auch seine Nachfolger wurden mit einem mystischen Schein umgeben. Eines dieser Orakel, das *Tiburtinische*, beschrieb die herausragenden Taten eines mythischen Helden, des «Herrschers der letzten Tage», ein Diener Gottes, der gegen den Antichrist kämpfte. Dieser Herrscher bekehrte die Heiden, zerstörte die Tempel der falschen Götter und taufte alle diejenigen, die zum Glauben gefunden hatten. Als auch die Juden bekehrt waren, erstrahlte das Heilige Grab in hellem Glanz. Nachdem er seine Aufgabe erfüllt hatte, zog er sich nach Golgatha zurück, legte sein Schwert nieder und übergab sein Königreich an Gott. Doch sofort bemächtigte sich der Antichrist des Tempels von Jerusalem und führte die Unwissenden mit seinem Blendwerk und seiner verlogenen Frömmigkeit in die Irre. Gott erkannte diese mißliche Lage, verkürzte kurzerhand den Zeitraum bis zum Weltgericht und schickte seinen Erzengel Michael, um den Antichrist zu vernichten. Nachdem dies vollbracht war, konnte das tausendjährige Friedensreich beginnen. Diese Geschichte ist typisch für die *Sibyllinischen Weissagungen*, und sie zeigt, warum sie sich so großer Popularität erfreuten. Spätere Prophezeiungen dieser Art waren noch phantastischer ausgeschmückt. Sie verlegten ihre Geschichte in vergangene Epochen, bis zurück zum Garten Eden oder in die Zukunft, und erschufen gottähnliche Könige, die dem sagenhaften König Artus oder dem historischen Kaiser Karl dem Großen ähnelten und unablässig bis zum Jüngsten Tag tapfer den Antichrist bekämpften.

Die aus dem Volksglauben entstandenen *Sibyllinischen Weissagungen* waren fast genauso bekannt wie die Bibel und hatten starken Einfluß auf die Bevölkerung. So wie später die Bücher von Nostradamus wurden sie in viele Sprachen übersetzt und immer wieder nachgedruckt, angepaßt, verändert und für ein ständig größer werdendes Publikum neu herausgebracht. Generationen auf Generationen erwarteten voller Angst das Erscheinen des gehörnten Antichristen, der kommen würde, um die christliche Welt zu vernichten. Diese Erwartung wurde zusätzlich noch dadurch verstärkt, daß bei den Fensterbemalungen und Skulpturen in den großen Kathedralen ebenfalls furchterregende apokalyptische Bilder verwendet wurden.

Anno 1000 – das Jahr der Zeitenwende

Die einzige Jahreszahl, die in der *Offenbarung* genannt wird, ist das Jahr 1000. Viele Interpreten leiteten daraus ab, daß in diesem Jahr das Millennium stattfinden werde, und für viele Menschen war das Jahr 1000 einfach «Das Jahr». Im 10. Jahrhundert war das Christentum in vielen Teilen der Welt immer noch Verfolgungen ausgesetzt, und es bestand eigentlich kein Grund zu der Annahme, daß das Christentum bald die Triumphe feiern würde, die ihm im Neuen Testament vorausgesagt wurden. Die überzeugten Christen glaubten indessen daran und rechneten damit, daß sie selbst oder ihre Nachkommen im Jahr 1000 die Wiederkunft von Jesus Christus, das Neue Jerusalem und den Beginn des Tausendjährigen Reiches Christi erleben würden. Sie hofften auf eine große und glorreiche Zeit, in der die guten Christen in Frieden und Glückseligkeit auf der Erde leben würden, während die Ungläubigen und die Verdammten allesamt in der Hölle schmorten.

Das Christentum gewann immer mehr Anhänger, weil Höllenangst und der Gedanke an das bevorstehende Weltgericht die Menschheit peinigte, was sich als das wirksamste Bekehrungsinstrument seit der Zeit der Märtyrer erwies. Auch in den zahlreichen Sekten, die irgendwo zwischen dem Judentum und dem Christentum angesiedelt waren, wie z. B. die Ebonisten und die Montanisten, spielte der Glaube an das Millennium, das kommende Weltgericht, die zentrale Rolle. Andere Gruppen wie die Gnostiker, die Neuplatoniker und Augustinus verwarfen die Vorstellung des Millenniums. Den Bischöfen der Kirche war diese Idee natürlich auch nicht ganz geheuer, denn sie hätte von ihnen verlangt, das Wirken ihrer Vorgänger und die vergangenen tausend Jahre des Christentums als eine Zeit des Verfalls und der Sünde anzusehen, auf die gerechterweise die Strafe der Zerstörung folgen müsse.

Als das Jahr des Weltgerichts immer näher herannahte, ließen sich Fanatiker immer verrücktere Ideen einfallen, um sich auf das Ende der Welt vorzubereiten. Im Jahr 971 wurde ein Pachtvertrag nur noch für exakt 29 Jahre abgeschlossen.[10] In nervöser Hektik wurden Kirchen errichtet, die Spenden an kirchliche Einrichtungen häuften sich, und die Zahl der Bekehrungen nahm zu, je näher das gefürchtete Jahr kam. Die ganze Welt wartete ängstlich und zitternd auf das Ende der Zeiten. Es drangen zu dieser Zeit zwar Sarazenen, Wikinger und Hunnen in Europa ein und drangsalierten die christliche Bevölkerung, aber es stürzte sich kein Drache vom Himmel herab, die Flüsse färbten sich nicht rot von Blut, und die Teufel begannen nicht damit, ihr Unwesen zu treiben. Das Jahr 1000 kam und ging vorüber – das Jüngste Gericht fand nicht statt.

Neue Festlegungen der Zeitenwende

Die Unerschütterlichen benannten daraufhin neue Termine für die Zeitenwende. Sie argumentierten, bei der Zählung der tausend Jahre dürfe man nicht bei Christi Geburt beginnen, sondern müsse seine Kreuzigung im Jahr 33 als Ausgangspunkt nehmen. Daher wurde nun das Jahr 1033 als neues entscheidendes Datum für das Weltgericht und die Erlösung festgelegt. Aber auch diesmal war alles vergeblich. Das führte dazu, daß sich die Menschen wieder mehr der

Magie zuwandten, da die biblischen Voraussagen sie enttäuscht hatten.

Der berühmte «Komet der Eroberung», der 1066 gesichtet wurde, kündigte angeblich den Untergang Englands an, und diese Prophezeiung stellte sich als halbwegs zutreffend heraus, denn der erfolgreiche Eroberungszug der Normannen erreichte in diesem Jahr seinen Höhepunkt. Für die Zeitgenossen stand damit fest: Britannien würde nie mehr das sein, was es bis dahin war.

Es wurden dann noch viele andere Daten für die Apokalypse ins Gespräch gebracht. Eines war das Jahr 1496, das mit einer astrologischen Begründung dafür ausersehen wurde und in dessen Verlauf man aus dem Tiber in Rom ein Geschöpf herausfischte, das, wie es hieß, einem Monster glich, denn es hatte den Kopf eines Esels und den Körper eines Mädchens, rechts das Bein eines Hirschen und links das eines Greifvogels, und an der Stelle des Hinterteils hatte es ein altes graues Gesicht – aber auch dieses Jahr endete wie alle anderen ohne Jüngstes Gericht oder ähnliches.

Die Verfasser des im 7. Jahrhundert entstandenen Weissagungsbuches *Pseudo-Methodius* entdeckte in den *Sibyllinischen Blättern* eine reiche Quelle für numerologische Prophezeiungen. Der hl. Vinzenz von Ferrier glaubte, daß die Anzahl der Verse in den Psalmen der entscheidende Schlüssel sei und prophezeite daher das Weltgericht für das Jahr 2537.

Der Monat Februar des Jahres 1524 schien ebenfalls besonders günstig, und der deutsche Astrologe Johannes Stöffler meinte, daß die Konjunktion von Saturn, Mars und Pluto im Zeichen der Fische das entprechende Signal sei. Viele Leute bauten sich daraufhin Archen und begannen, sich auf das Schlimmste vorzubereiten. Aber die Sintflut blieb aus.

John Jewel, Bischof von Salisbury (1522–1571), hatte festgestellt, daß Weltuntergangs-Prophezeiungen in den vergangenen zwei Jahrhunderten sehr in Mode gekommen waren, und meinte, der Tag des Jüngsten Gerichts werde sehr wahrscheinlich mit einer Reihe von symbolhaften Ereignissen wie der Bekehrung der Türken, dem Fall Roms und der Wiederkehr Christi und der Heiligen verknüpft sein. Derartige Spekulationen wurden von Historikern, Gelehrten und Theologen durchaus ernst genommen, und es schien, als sei jeder von ihnen irgendwie von Weltuntergangsgedanken beeinflußt. Im Mai 1643 sagte man den englischen Parlamentstruppen, daß Christus eigens kommen werde, um König Karl I. zu vernichten, und Robert Devereux II., Graf von Essex, der Oberbefehlshaber des Parlamentsheeres, gab sich gar als Johannes der Täufer aus.[11]

Forschungen haben ergeben, daß bis 1649 schon mehr als 80 Bücher zum Thema «Weltuntergang» erschienen waren.[12] Auch das Jahr 1656 hatte eine Zeitlang gute Chancen, denn damit war die Anzahl der Jahre erreicht, die angeblich zwischen der Schöpfung und der Sintflut vergangen waren. Das Jahr 1666 galt dann als das Jahr des Großen Tieres der Apokalypse, denn es bildete die Summe aus 1000 + 666, und wurde das nächste große Ziel der Weltuntergangspropheten. Aber das große Feuer, das in London wütete, war das einzige berichtenswerte Ereignis dieses Jahres und konnte, wenngleich ein durchaus tragisches Vorkommnis, schwerlich als Untergang der Welt gedeutet werden.

William Sedgwick, Prediger an der Kathedrale von Ely, fuhr 1645 nach London mit der Nachricht, die Welt werde innerhalb von vierzehn Tagen untergehen, denn Gott sei ihm in seinem Arbeitszimmer erschienen und habe ihm dies persönlich mitgeteilt. Millennistische Sekten spielten in Politik und Religion bald eine wichtige Rolle, man konnte sie nicht mehr als Spinner abtun, die den Weltuntergang herbeiphantasierten, sondern mußte sie als ernstzunehmenden politischen Faktor behandeln. Prophezeiungen waren ein zentraler Bestandteil des Glaubens, und wer keine Meinung darüber hatte, wann denn der Untergang stattfinden werde, galt als jemand, der keine Ahnung hatte von der Welt.

Noch im Jahr 1707 wurden drei französische Wahrsager ins Gefängnis geworfen, weil sie behauptet hatten, die Letzten Tage seien schon angebrochen, und im selben Jahr zählte man in Frankreich insgesamt mehr als 400 Personen, die in irgendeiner Form Prophezeiungen aufstellten. Gegen Ende des 18. Jahrhunderts allerdings galt es dann eher als ein Anzeichen für Geisteskrankheit, wenn jemand Prophezeiungen von sich gab oder an solche glaubte.

Der *Julianische Kalender*, der zur Zeit von Julius Caesar eingeführt worden war, war bis zum späten 16. Jahrhundert um zehn Tage gegenüber den tatsächlichen Daten der Tagundnachtgleichen und der Sonnenwenden ins Hintertreffen geraten. Und zwar deshalb, weil nach der Julianischen Methode die Länge eines Jahres um elf Minuten zu kurz berechnet wurde, und diese Zeit akkumulierte sich im Verlauf von 200 Jahren zu anderthalb Tagen. Papst Gregor XIII. fühlte sich 1582 zum Handeln gezwungen, strich kurzerhand zehn Tage aus dem Kalender und verfügte, daß im künftigen *Gregorianischen Kalender* jedes Jahrhundert-Jahr kein Schaltjahr sein sollte, außer es war durch 40 teilbar. Als diese Anpassung 1752 endlich auch in England eingeführt wurde, wurde aus dem 3. September des Jahres der 14. September, was die Menschen, die den Grund dieser Maßnahme nicht verstanden, in tiefe Verwirrung stürzte. Es kam zu Demonstrationen, auf denen die erbosten Leute riefen: «Gebt uns unsere elf Tage wieder!»[13]

Die Gnosis der Auferstehung

Mit der Vorstellung des Weltgerichts ist auch die Rückkehr unter die Herrschaft Gottes verbunden, die sich für die Christen durch die Wiederkunft Jesu Christi vollzieht und bei islamischen Sekten wie den Ismailiten oder den Mazdäern durch den Letzten Imam herbeigeführt wird, der aus der sterbenden Welt heraustritt und den Übergang in ein Neues Zeitalter verheißt. Die Ismailiten glaubten, es habe vor der unseren schon 18 000 vergangene Welten gegeben und sowohl in der «Ursprungswelt» wie auch in allen nachfolgenden Welten habe eine Menschenrasse gelebt, die von dem Adam der Bibel und des Korans abstamme.

Adam ist gleichzeitig der letzte Überlebende jedes vergehenden Weltzeitalters und der erste Prophet und Wegbereiter der neuen Zeit. In der *Enthüllung der Gnosis der Auferstehung*[14], einem Text aus dem Umfeld dieser islamischen Sekten, heißt es, die heutige Menschheit vermittle nur noch einen schwachen Abglanz der Vollkommenheit der vergangenen Zeiten, sie müsse daher ihre Unwissenheit überwinden und die Wunder und die Macht des Himmels wieder zu begreifen versuchen. Die Menschheit sei degeneriert und verkommen und müsse nach Erlösung streben, indem sie, koste es, was es wolle, noch vor dem Untergang der Welt sich dieses verlorengegangene Wissen wieder aneignet. Die Aufgabe des Imam ist es, diesen Prozeß des Erwachens der Menschheit einzuleiten. Adam kennt die Gesetze und deren Bedeutung, und die ewige Eva versteht es, mit dem Verborgenen und Transzendenten umzugehen. Alle Imame aber sind eine Widerspiegelung des ewigen Imam, Adam. Am Ende eines Weltzeitalters vollzieht sich die Integration des Männlichen und Weiblichen, und die Zeit verliert ihre Macht.

Das Jüngste Gericht

Bei den Juden, den Christen, den nordamerikanischen Indianern und vielen anderen Religionen findet sich die Überzeugung, daß dereinst ein Messias auf die Erde kommen werde. In diesem Zusammenhang werden auch stets bestimmte Ereignisse vorausgesagt, die das Erscheinen des Messias ankündigen und begleiten sollen. Eines dieser Anzeichen ist die Zunahme starker Erdbeben und anderer Naturkatastrophen.

In der Bibel heißt es, Völker werden sich gegeneinander erheben, Erdbeben werden die Menschheit heimsuchen, und die Wellen dieser Erschütterungen werden die Erdachse verschieben. Berge verschieben sich, Städte verschwinden, und weitere große geographische Veränderungen werden die Wiederkunft des Messias begleiten. Der Prophet Zacharias, der im 6. Jahrhundert v. Chr. lebte, sprach von einem großen Kampf, einem Armageddon, nachdem der Ölberg durch ein Erdbeben entzweigerissen worden sein wird. Es gibt auch viele Hinweise auf eine Erkaltung des Klimas und eine Verfinsterung der Sonne. Auch im *Lukas-Evangelium* (21, 11) und in der Offenbarung (16, 18) werden solche Ereignisse beschrieben.

Die Vorstellung eines Jüngsten Gerichts ist im Christentum, im Islam, im Buddhismus und Hinduismus von großer Bedeutung. Am Ende eines Weltzeitalters begegnen sich die Kräfte der Ewigkeit, und das führt zu einer Wiedergeburt der Welt auf einer höheren Stufe. Die alten Ägypter glaubten, daß die Seele eines Menschen, wenn dieser frei vom Bösen gelebt habe, sich in Osiris verwandeln, das heißt, in den Himmel aufsteigen werde. Der Glaube an die Erlösung durch ein Jüngstes Gericht gehört zum archetypischen Gedankengut der Menschheit. Der Prozeß, den eine einzelne Seele nach dem Tod durchlaufen muß, spiegelt auch das wider, was der Menschheit insgesamt bevorsteht, wenn das Jüngste Gericht eingeläutet wird, das Ende der Welt, das Millennium.

Auf russischen Ikonen werden Menschenmengen dargestellt, die beobachten, wie über eine einzelne Seele geurteilt wird, indem sie auf einer Waage gewogen wird, die von der Hand Gottes gehalten wird. Wenn die Gewichte auf der Seite der Weisheit und der Erneuerung überwiegen, dann steigt sie in den Himmel auf, sind jedoch die niederen materialistischen Triebe, die Sexualität und die Habgier, schwerer, dann kommt sie in die Hölle. Eine Schlange, die Verkörperung der Zeit, verbindet die tiefsten Tiefen der Hölle mit den höchsten Höhen des Himmels, mit der Gegenwart Christi.

Der hl. Michael, der auf einem Holzschnitt aus dem 15. Jahrhundert dargestellt wird, wie er den Drachen tötet, hält ebenfalls eine Waage in der Hand, auf der er die Seelen der Toten wiegt. Ebenso wird in der ägyptischen Ikonographie und im tibetischen Buddhismus am Ende der Welt die Menschheit gewogen und Bilanz gezogen. Im tibetischen Buddhismus wird die Seele von Dämonen zerrissen oder aufgefressen, in das ewige Feuer geworfen oder schweren Torturen ausgesetzt. Danach, wie sie diese Prüfungen übersteht, bemißt sich die Qualität ihrer nächsten Inkarnation. Erst dann, wenn sie den transzendentalen Bewußtseinszustand, die Erleuchtung erlangt, muß sie nicht mehr am Kreislauf der Inkarnationen teilnehmen.

Der Glaube an das Millennium und das damit verbundene Jüngste Gericht ist ein Kernbestandteil aller großen Weltreligionen und des kollektiven Bewußtseins der Menschheit. Wir sehnen diese Erlösung und diese Wiedergeburt herbei, und es gibt Anzeichen, die die Vermutung erlauben, daß wir uns auf eine Zeit zubewegen, die schon seit vielen Jahrhunderten prophezeit wird – eine Zeit des Weltgerichts und der Erlösung. Zu den vielen Quellen dieser Prophezeiungen gehören auch die berühmten Monumente der alten Ägypter.

5

Die Prophezeiungen der Großen Pyramide

Die Struktur und die Konstruktionsmerkmale der Großen oder Cheops-Pyramide geben Auskunft über folgende Gebiete:

> Das Wissen und die Errungenschaften der verschiedenen Künste und Wissenschaften, ... die wissenschaftlichen Kenntnisse der Arithmetik und der Geometrie, damit auch die späteren Generationen sich dieses Wissen zunutze machen können ... die Positionen der Sterne und ihre Bahnen, damit verbunden die Geschichte und die Chronik der vergangenen Zeiten, auch die Zeiten, die kommen werden, und jedes zukünftige Ereignis, das in Ägypten stattfinden wird.[1]

Die sogenannte Große Pyramide übt ihre faszinierende Wirkung seit mindestens 4000 Jahren aus. Nach Meinung der Archäologen wurde sie um 2400 v. Chr. als Grabstätte für den Pharao Cheops errichtet. Zwar wurden für diese Annahme in der Königskammer, die im oberen Drittel liegt, keine Hinweise gefunden, aber einige Hieroglyphen auf einer Kartusche beziehen sich auf Cheops. Die einleuchtendste Erklärung besagt, daß der Pharao sie anbringen ließ, nachdem er das Monument als sein Grabmal ausersehen hatte. Es gibt auch die Hypothese, daß die Pyramide von dem legendären Architekten Imhotep entworfen wurde, dem ägyptischen Großbaumeister und Heilkünstler, der zum Gott erhoben wurde und auf den angeblich jene Mysterien zurückgehen, die dann später, im 11. Jahrhundert n. Chr., bei den Erbauern der Kathedralen großen Anklang fanden und in die Geheimlehre der Freimaurer eingingen.

Die Große Pyramide könnte aber auch Tausende von Jahren älter sein, als wir annehmen, ein Relikt aus der Zeit von Atlantis, als die Menschen noch viel stärker von Spiritualität geprägt waren als heute. Wenn sie tatsächlich so alt ist, dann hat sie den Ägyptern der Pharaonenzeit womöglich noch mehr Rätsel aufgegeben als uns heute.

Die Pyramide war ursprünglich 147 Meter hoch und bestand aus mehr als zwei Millionen Kalksteinquadern, von denen einer zwischen zwei und zehn Tonnen wiegt. Die Pyramide war außen mit leuchtend weißem Gestein verkleidet, vermutlich Alabaster oder Marmor, aber dieser Fassadenschmuck wurde schon vor langer Zeit entfernt. Zu ihrer Entstehungszeit muß die Pyramide wirklich ehrfurchtgebietend gewirkt haben, wenn sie im Sonnenlicht glänzte.

Es ist schier unvorstellbar, was an organisatorischen Fähigkeiten und an Anstrengungen nötig war, um die Steine aus den Felsen herauszuhauen, zu bearbeiten, kilometerweit zu transportieren und dann an ihren Platz auf der Pyramide zu hieven. Tausende von Arbeitern müssen ihr ganzes Leben lang damit beschäftigt gewesen sein, dieses erste der Sieben Weltwunder der antiken Welt zu schaffen. Sogar nach den optimistischsten Schätzungen muß der Bau der Großen Pyramide länger gedauert haben, als Cheops lebte – und diese Tatsache ist ein starkes Argument gegen die herkömmliche Auffassung der Archäologen, daß die Pyramide als Grabstätte gedacht war. Ingenieure sind der Meinung, daß es heute schlechterdings unmöglich wäre, ein derartiges Monument zu errichten, trotz der hochentwickelten Technik, die uns zur Verfügung steht.

Die Geheimlehre der Pyramidologie

Die erhabene Stille der Großen Pyramide legt Zeugnis ab von dem hohen Entwicklungsstadium einer Zivilisation, die von vielen immer noch als «primitiv» eingestuft wird. Viele Wissenschaftler fühlten sich herausgefordert, Theorien aufzustellen, die das Bauwerk und seinen Zweck erklären sollten. Die am einfachsten gestrickte, traditionelle archäologische Theorie geht nach wie vor davon aus, daß das Monument als Grabmal für einen megalomanen Pharao vorgesehen war und daß die auffälligen Proportionen, die Abmessungen und die geheimnisvollen Eigenschaften der Pyramide durch Zufall entstanden sind.

Als der Geschichtsschreiber Herodot die Pyramide Mitte des 5. Jahrhunderts v. Chr. besuchte, war die altägyptische Kultur schon im Niedergang. Er war sehr erstaunt über die Geschichten, die er von den Pyramidenführern hörte, welche er offensichtlich für Priester hielt. Die Erzählungen über die Zivilisation von Atlantis, die Platon 50 Jahre später auf seinen Reisen nach Ägypten zu Ohren kamen, fachten ebenfalls das Interesse für die legendären Schöpfer der ägyptischen Kultur und die Erbauer der Pyramiden an. Die Künstler, die 1798/99 im Gefolge von Napoleons Invasion nach Ägypten kamen, schufen eindrucksvolle Zeichnungen von den Pyramiden und anderen Kunstwerken, wodurch die europäische Öffentlichkeit für die Mysterien der ägyptischen Kultur eingenommen wurde. Das Interesse für alles Ägyptische nahm weiter zu, nachdem das junge Genie

Champollion 1822 den Stein von Rosette entdeckt und seine Inschrift entschlüsselt hatte. Sie war in drei Sprachen abgefaßt – in Griechisch, Demotisch und in Hieroglyphen. Dadurch wurde es möglich, die Schrift der alten Ägypter, die Hieroglyphen, exakt zu übersetzen. Bis dahin hatten die Gelehrten zwar angenommen, daß die ägyptische Zivilisation einen hohen Entwicklungsstand erreicht hatte, doch aus den bis dahin unternommenen Übersetzungsversuchen ergab sich nur das Bild eines prahlerischen und oberflächlichen Volkes. Die Übersetzer konnten nicht begreifen, warum eine so fortgeschrittene Zivilisation eine so unklare, zusammenhanglose Sprache gehabt hatte. Sie kamen nicht auf die Idee, daß die Schriftzeichen eine symbolhafte Bedeutung haben könnten, die sich ihnen nicht erschloß – und die sich auch heute noch nicht vollkommen erschließt.[2]

Die esoterischen Schulen des Westens betrachten die Große Pyramide als ein Zentrum der Initiation und als ein Symbol dafür, wie einflußreich esoterisches Gedankengut in der antiken Welt war. Erforscher des mystischen Erbes der Menschheit wie Madame Blavatsky, Edgar Cayce, Alice A. Bailey und Rudolf Steiner, um nur einige zu nennen, sahen in den alten Ägyptern Überlebende des legendären Atlantis. Die mit Fehlern behaftete, aber hochentwickelte Zivilisation von Atlantis war gekennzeichnet durch eine Integration spiritueller und physischer Macht. Durch den Materialismus seiner Bewohner wurde diese Kultur jedoch zerstört, und sie versank schließlich in den Fluten des Atlantischen Ozeans. Die Überlebenden dieser kataklysmischen Katastrophe zerstreuten sich in alle Winde und siedelten sich schließlich in Peru, Ägypten, Mexiko sowie in Mittel-, Süd- und Nordamerika an, was eine Erklärung dafür sein könnte, daß es in allen diesen Kulturen eine ähnliche Ikonographie sowie Flut- und Atlantis-Legenden gibt.

Zu dieser Erkenntnis hat auch das Studium des Pyramidenbaus und der altägyptischen Mystik beigetragen. Während des 19. Jahrhunderts wurden sie von einer Vielzahl religiös motivierter Menschen intensiv erforscht, was manchmal schon ans Fanatische grenzte, denn diese Leute vermeinten, in den Dimensionen der Pyramiden und in den Einzelheiten ihrer Geometrie vielfältige mystische Botschaften an die ferne Nachtwelt zu entdecken. 1859 stellte der fundamentalistische christliche Astronom John Taylor die bis dahin herrschenden Theorien in Frage, indem er behauptete, die Abmessungen der Großen Pyramide seien ein mathematischer Schlüssel zum Verständnis der Erde und ihrer Beziehung zum Kosmos. Weil er die offenkundig nichtchristliche Quelle dieses Wissens nicht erklären konnte, sah er sich gezwungen, sie als göttliche Eingebung hinzustellen.

Professor Charles Piazzi Smyth, der 1864/65 seine Untersuchungen anstellte, bestätigte Taylors Berechnungen und auch dessen Annahme eines «Pyramidenzolls» als grundlegender Maßeinheit. Als Ergebnis seiner Arbeit legte Smyth sorgfältig angefertigte Zeichnungen der gesamten Innenstruktur der Pyramide, ihrer Gänge und Mauern vor und veröffentlichte eine vollständige Darstellung der inneren und äußeren Geometrie der Großen Pyramide. Diese Berechnungen und Meßergebnisse halfen späteren Forschern, ihre Theorien auszuformulieren und zu begründen.

1865 stellte der Schotte Robert Menzies als erster die Theorie auf, daß die Proportionen und die Maße des Gangsystems der Großen Pyramide die chronologische Darstellung einer Prophezeiung enthielten, wenngleich zu dieser Zeit über messianische Prophezeiungen der alten Ägypter noch nichts bekannt war. Indem er den Pyramidenzoll auf das Sonnenjahr bezog, fand er heraus, daß der große Stollen dem christlichen Glauben entsprach, beginnend mit der Geburt Jesu. Später vertrat er auch die Auffassung, die Eingangstür zur Vorkammer symbolisiere den Beginn der letzten Periode der «großen Kriege und Heimsuchungen», die in der Bibel angekündigt werden.

Daraufhin entbrannte zwischen Kirchenmännern und Pyramidologen ein heftiger Streit darüber, wann genau die christliche Ära begonnen habe: mit der Geburt Christi oder erst mit seiner Kreuzigung. Eine der ambitioniertesten wissenschaftlichen Veröffentlichungen in diesem Zusammenhang war das Buch *The Great Pyramid. Its Divine Message* von David Davidson, einem britischen Bauingenieur, und Herbert Aldersmith, das 1925 erschien. Darin versuchten die beiden Forscher folgende Behauptungen zu belegen:

1. Die Große Pyramide bringt in ihrer geometrischen Struktur die mathematische Grundlage der hochentwickelten ägyptischen Kultur zum Ausdruck.
2. Die Erbauer der Pyramide haben ihr Wissen über die Naturgesetze in einer generalisierten Formel zusammengefaßt, ähnlich wie es Einstein in seiner Relativitätstheorie getan hat.
3. Diese Formel beeinflußte die Kunst, die Literatur, die Religionen und die ethischen Vorstellungen der Ägypter.
4. Die Cheops-Pyramide war die «Standard-Pyramide», nach der die anderen Pyramiden errichtet wurden und mit der sie verglichen wurden.
5. Das Gangsystem stellt in graphischer Weise die Prophezeiungen der Bibel in chronologischer Abfolge dar, was es ermöglicht, wichtige Daten über die Geschichte des Christentums zu gewinnen. Auch der Anfang und das

Ende des 1. Weltkriegs können daraus auf den Tag genau abgelesen werden.

6. Aus der Verbindung des Symbolgehalts der Pyramide und der biblischen Prophezeiungen erwächst eine Botschaft, die an die Gegenwart gerichtet ist. Sie besagt, daß die Zeit der Heimsuchung, die in der Bibel angekündigt wird, das 20. Jahrhundert ist.[3]

Davidson behauptete, daß die Große Stufe im Schnittpunkt des «Saals der verdunkelten Wahrheit» (der erste aufsteigende Korridor) und des «Saals des Wahren Lichts» (der Große Stollen) das Intervall der 33 Jahre zwischen der Geburt Jesu Christi und seiner Kreuzigung symbolisiert.

In ihrem Werk *Great Pyramid Passages and Chambers* (1910) definierten John und Morton Edgar den Symbolgehalt der Korridore und Kammern der Großen Pyramide – eine Darstellung, der sich auch Davidson anschloß.[4] Demnach repräsentierten die Korridore und Kammern jeweils bestimmte Phasen in der biblischen Geschichte:

1. Absteigender Korridor zu der unterirdisch gelegenen Kammer: Die Welt auf ihrer abwärts gerichteten Entwicklung seit Adams Vertreibung aus dem Paradies.
2. Aufsteigender Korridor: Die Annahme des Gesetzes der 1647 Jahre durch die Israeliten, beginnend mit ihrem Auszug aus Ägypten 1615 v. Chr. und endend mit der Kreuzigung Christi im Jahre 33 n. Chr. Symbolisch entsprach dem ein verlängertes, mit irdischen Gaben gesegnetes Leben auf Erden, während nach Christus schließlich ein geistiges Leben im Himmel vorbestimmt war. Die Granitblöcke, die den Eingang zum aufsteigenden Korridor versperrten, repräsentierten das Gesetz Gottes, das den Bestand des Bundes der Juden zeitlich begrenzte.

3. Horizontaler Korridor zur Kammer der Königin: Ein Symbol für die Vollkommenheit des Lebens und der Natur des Menschen am Ende der tausendjährigen Herrschaft Christi.
4. Der Schacht: Ein Symbol für den Hades, den Ort des Todes, von wo aus die Seelen wiederauferstehen, verkörpert im Tod und in der Wiederauferstehung von Jesus Christus. Allein über ihn führt der Weg zur Unsterblichkeit, denn der aufsteigende Korridor ist durch den Felsblock des Bundes versperrt.
5. Großer Stollen: Das gnadenverheißende Evangelium, das die Ankunft von Jesus Christus ankündigt.
6. Königskammer: Die himmlische Gabe der Unsterblichkeit, die jenen zuteil wird, die in Gott leben und in den Bund der Nachfolge Christi eingetreten sind.
7. Vorkammer: Die Schule Christi.
8. Die drei letzteren (Vorkammer, Königskammer, Großer Stollen) verkörpern den höchsten Zustand geistiger Entwicklung, der auf Erden zu erlangen ist.

Die tausendjährige Herrschaft Christi

In *The Great Pyramid: Its Time Features* (1924) beschreibt Morton Edgar die zeitliche Chronologie, die sich aus der prophetischen Geometrie der Pyramide ergibt, wobei dem Jahr 1915 eine ganz besondere Bedeutung zukommt. Er war der Meinung, dieses Datum stehe für den Aufstieg des Adamsgeschlechts auf die «Ebene der menschlichen Vollkommenheit», wenn der unsichtbare Jesus Christus sein göttliches Recht wahrnehmen und seinen Platz als unsichtbarer Herrscher über die Menschheit einnehmen werde.[5] Durch genaue Messungen stellte er fest, daß die 1915 Pyramidenzoll-Einheiten des Großen Stollens für die Zeit zwischen der Geburt Jesu und dem Jahr 1914 stehen. Denn man erreicht nach dem Großen Stollen die Höhe der Königskammer, und dies symbolisiert das «Erscheinen des Königs von Israel» in der Welt.

Edgar ermittelte darüber hinaus auch eine weitergefaßte Zeitperiode von 2915 Jahren, wodurch die Geschichte der Religionen und der Welt in einer neuen Pespektive erschien. Wie schon Nostradamus vor ihm ging auch Edgar davon aus, daß die «Gegenwärtige Welt des Bösen» sich über einen Zeitraum von 6000 Jahren erstreckte, denen 1000 Jahre der Herrschaft Christi, des Millenniums, folgen würden. Er datierte, in Übereinstimmung mit den Annahmen von Bischof Usher, die Erschaffung Adams auf das Jahr 4128 v. Chr. und den Sündenfall auf das Jahr 4126 v. Chr. Die Periode der 6000 Jahre vor dem Beginn der Zeitenwende würde daher im Jahr 1874 zum Abschluß kommen. Nimmt man das Jahrtausend des Millenniums noch hinzu, dann wäre im Jahr 2874 mit dem Ende der Welt zu rechnen.

Der horizontale Korridor, der zur Kammer der Königin führt, symbolisiert laut Edgar die tausendjährige Herrschaft Jesu Christi, und die Länge der beiden aufsteigenden Korridore entspricht den vorangehenden Zeitaltern, woraus sich der Zeitraum von 7000 Jahren ergibt. Am Ende dieser Zeit wird Gott die Bösen bestrafen und die Aufrechten dafür belohnen, daß sie an ihn geglaubt haben. Gott «hat einen Tag festgelegt, an dem er die Welt durch den Mann richten wird, den er auserwählt hat», durch Jesus Christus. Dieser «Tag» ist die siebte tausendjährige Periode nach der Geburt des Adam. In dieser Zeit wird die Menschheit der Gnade Gottes teilhaftig werden und das Übel überwinden, dem sie in den vorangegangenen sechs tausendjährigen Perioden ausgesetzt war. Nach Gottes Plan sollen die Menschen in diesem Zeitabschnitt das ewige Heil erfahren, sie sollen lernen, Gut und Böse zu unterscheiden und in die Lage versetzt werden, das Richtige zu wählen.

Im horizontalen Korridor zur Kammer der Königin spiegelt sich also die Hoffnung der Menschheit. Da die ersten sechs Siebtel des Korridors nur vier Fuß (1,1 Meter) hoch sind, muß ein Mensch von durchschnittlicher Größe gebückt gehen. Dies ist symbolisch zu nehmen für die Ausgeliefertheit der Menschen, für das Leiden unter Sünde und Erniedrigung, aber auch für das Hoffen auf die versprochene Erlösung. Die Erlösung wird in der siebten tausendjährigen Periode stattfinden, in der «Zeit der Wiederherstellung aller Dinge». An dieser Stelle erweitert sich der Korridor um ca. 50 cm, und die größere Bewegungsfreiheit symbolisiert die größere Freiheit im Jahrtausend der Zeitenwende. Die Verdammung Adams wird aufgehoben und der «neue Bund» ausgerufen. Diese visionäre, Himmel und Hölle in Bewegung setzende Art der Darstellung ist typisch für viele der damaligen Pyramidologen und ihr apokalyptisches, auf die Zeitenwende ausgerichtetes Verständnis des Christentums.

Edgar datierte den Abschluß des Zeitraums, in dem die Menschheit ihrer großen Prüfung unterzogen wird, auf das Jahr 2914, also 2915 Jahre nach der Geburt von Jesus Christus. Aber er ermittelte auch noch einen anderen Zeitplan für die Freisetzung der ungebändigten und elementaren Energie des Adamsgeschlechts. Adam erreicht nach Ablauf von 7000 Jahren die 25. Ebene der Pyramide, die die «Ebene der menschlichen Vollkommenheit» darstellt, aber nachdem er seiner Vollkommenheit wieder verlustig gegangen ist, gerät er in den absteigenden Korridor, der zum Tod hinführt. Wenn Christus für die gesamte Pyramide steht, dann ist Adam sein präspiritueller Gegenpart. Adam und

Christus stehen als einzige auf der «Ebene der menschlichen Vollkommenheit», wenngleich Adam durch seinen Ungehorsam zu Fall gekommen ist.

Der «Tag der Wiederherstellung» – nämlich des Urzustandes – wird im Jahre 2874 stattfinden, wenn die Welt all das wieder zurückgewinnt, was sie in der Vergangenheit verloren hatte. Zu diesem Datum wird noch eine «kurze Jahreszeit» von 40 Jahren hinzugefügt, in denen Gott jene vernichtet, die noch dem Gegenspieler Satan anhängen, wie auch Satan selbst, und zwar in einem «Zweiten Tod», von dem auch in der *Offenbarung* (20, 1–3) und in den *Psalmen* (37, 10) die Rede ist. Diejenigen, die die letzte Prüfung bestehen, haben dadurch unter Beweis gestellt, daß sie den Geist des Erlösers in sich aufgenommen haben. So verkörpert also nach Edgar diese Zeitraum von insgesamt 7040 Jahren die verschiedenen Phasen der Welt- und Menschheitsgeschichte.

Edgars Zeitschema beruht auf den Messungen von Piazzi Smyth, aber für den Zeitraum zwischen 1915 und 2874 gibt er keine besonderen Ereignisse an. Sein Modell ist zwar in vielerlei Hinsicht bemerkenswert, weil viele Details angegeben werden, doch daß konkrete Ereignisse aus der modernen Zeit fehlen, ist ein schwerwiegender Mangel und zeigt, daß seine historische Perspektive letztlich nicht über die Bibel hinausreicht.

Die Letzte Heimsuchung

Dagegen sind die Zeitangaben von Davidson, die angeblich in den zur Königskammer führenden Korridoren und in der Vorkammer enthalten sind, nachprüfbar, denn sie beziehen sich auf die Jahre 1909 bis 1953. Davidson konnte durch die

Verbindung seiner Methode, bei der ein Zoll einem Jahr gleichgesetzt wurde, mit den Messungen von Piazzi Smyth für diese 44 Jahre und auch bis in die jüngste Vergangenheit präzise eine Reihe von wichtigen Daten benennen, an denen sich politische, wirtschaftliche oder soziale Veränderungen vollzogen. Dazu gehörten die exakten Daten, an denen der Erste Weltkrieg begann und endete. Er sagte aber auch auf den Monat genau den Beginn des Zweiten Weltkrieges voraus. Das bedeutet: Er konnte aus der Analyse des Korridorsystems der Großen Pyramide nicht nur für die Vergangenheit, sondern auch für die Ereignisse in der Zukunft genaue Aussagen treffen!

In Davidsons Zeitschema steht der zweite niedere Korridor zwischen der Vorkammer und der Königskammer für die «Letzte Heimsuchung» zwischen den Jahren 1928 und 1936, was sich ziemlich genau auf den New Yorker Börsenkrach 1929 und die Große Depression der 30er Jahre bezieht.

Für das Jahr 1953 sah Davidson ein Ereignis voraus, welches das Aussehen der Welt für immer verändern würde. Dieses Datum entspricht in etwa dem ersten Test einer Wasserstoffbombe und dem Ausbruch des Korea-Krieges, wobei ersteres zweifellos ein in jeder Hinsicht einschneidendes Ereignis war.

Max Toth stellte die These auf, die Zeit, über die die Pyramide Auskunft gibt, komme zwischen Juli 1992 und September 2002 zu ihrem Ende. Er zog eine vertikale Linie vom Ende der Königskammer aus zum unterirdischen Kammerkomplex, und von diesem Schnittpunkt aus maß er den Abstand bis zum Ende des Sackgassen-Korridors. Der sich daraus ergebende Zeitraum entspricht dem «Stadium der Beendigung» unseres Weltzeitalters.[6] Zwischen 1995 und 2025 wird demnach ein Königreich des Geistes entstehen, das durch höhere geistige Ziele und ethische Wertmaßstäbe gekennzeichnet sein wird, in dem aber auch Naturkatastrophen wie etwa Vulkanausbrüche gehäuft auftreten werden. Die bestehende Zivilisation wird schließlich im Jahr 2025 untergehen, und danach wird eine neue Gesellschaft, eine neue Welt geschaffen werden.

Die Geburt der neuen Gesellschaft wird sich dann vollziehen, wenn sich im Jahr 2034 am Himmel ein Zeichen der Ankunft des neuen Messias zeigt, dessen Inkarnation sechs Jahre später erfolgt. Im Zeitraum zwischen 2055 und 2080 werden die großen materiellen Fortschritte der neuen Gesellschaft einhergehen mit einem starken Wachstum der Menschheit, einer enormen Steigerung ihrer Fähigkeiten und Errungenschaften. Im Jahr 2116 wird der Messias sterben, aber bereits 2135 und schließlich im Jahr 2265 erneut wiederkehren.

Nach dem britischen Pyramidologen Adam Rutherford ist das letzte Datum, das sich aus der Großen Pyramide herauslesen läßt, das Jahr 2979.[7]

6 Nostradamus und seine Centurien

> Es besteht die Hoffnung, daß im Laufe der Zeit und wenn ich nicht mehr auf der Erde bin, meine Schriften höhere Wertschätzung erfahren werden als zu meinen Lebzeiten.
>
> Nostradamus, *Vorrede an Heinrich II.*

Nostradamus, 1503 als Michel de Notredame in St. Rémy in der Provence geboren, gilt als der berühmteste, aber auch rätselhafteste Prophet der jüngeren Zeit. Über seine *Centurien*, eine Sammlung von 966 verschlüsselten Vierzeilern (Quatrinen, d.h. «Hundertschaften»), die 1555 erstmals veröffentlicht wurden, wurden Hunderte von Büchern geschrieben. Die *Centurien* sind in so viele Sprachen übersetzt und in so vielen Auflagen herausgebracht worden, daß man sie als das einzige Buch neben der Bibel bezeichnet hat, das seit seinem Erscheinen ständig nachgedruckt wurde.[1]

Nostradamus, für seine Zeit ein hochgebildeter Mann, war jüdischer Abstammung; seine Eltern waren jedoch zum Christentum übergetreten. Nostradamus selbst behauptet, er sei ein Abkömmling von einem der zehn verlorenen Stämme Israels, den Issacharen. Sie waren «Männer, die sahen und rieten, was Israel in jeder Lage tun sollte» (1. Chronik, 12, 33). Damit nicht genug, will Nostradamus auch die Fähigkeiten der drei Weisen aus dem Morgenland besitzen, die 15 Jahrhunderte zuvor die Geburt des Heilands vorausgesagt hatten.

Viele von Nostradamus' Vorfahren mütterlicher- und väterlicherseits waren Mathematiker und Ärzte. Er wurde von seinem Großvater, einem Arzt und Astrologen, erzogen und studierte dann Geisteswissenschaften in Avignon sowie Medizin und Philosophie in Montpellier, damals die renommierteste medizinische Ausbildungsstätte in Frankreich. Nachdem er ein paar Jahre umhergereist war, weil die Pest seine Universitätsstadt heimgesucht hatte, kehrte er wieder dorthin zurück und machte sein Examen.

Er praktizierte als Arzt in Toulouse und Agen. Seine erste Ehe mit einer schönen und wohlhabenden Frau endete tragisch: Zuerst starben ihre beiden Kinder und einige Jahre darauf auch die Frau. Dann erhielt er den Auftrag, in Aix bei der Bekämpfung der Pest zu helfen, was er auch erfolgreich tat. Nachdem er wieder nach St. Rémy zurückgekehrt war, heiratete er nochmals und bekam eine Tochter und drei Söhne. Seinem jüngsten Sohn Caesar widmete er seine prophetischen Schriften.

Das Chaos und die großen Umwälzungen, die sich zu seiner Zeit in Europa abspielten, berührten ihn tief, und unter ihrem Einfluß begann er – zunächst ohne die Absicht einer Publikation – prophetische Vierzeiler zu verfassen. Erst später entschloß er sich, sie zu veröffentlichen und eventuelle Mißhelligkeiten, die sich daraus ergeben würden, in Kauf zu nehmen. Er hatte zuvor schon viele Jahre mit Divinationstechniken gearbeitet, die er mit Hilfe seiner astrologischen und medizinischen Kenntnisse modifizierte. Er war der Überzeugung, daß ein Arzt auf Astrologie nicht verzichten konnte, und erstellte deshalb Almanache, um den Ärzten exakte astrologische Daten zugänglich zu machen. Die populären Almanache dieser Zeit enthielten immer auch Voraussagen für das kommende Jahr und boten Nostradamus daher eine Gelegenheit, seine prophetischen Fähigkeiten zu erproben. Er wurde weithin als «Meister der Voraussage» anerkannt, gelegentlich jedoch auch als Scharlatan gebrandmarkt.

Nostradamus' Prophezeiungen sind außerordentlich schwierig zu deuten, denn er hat sie verschlüsselt und in eine Mischung aus Französisch, seinem provenzalischen Dialekt, Lateinisch, Griechisch und Italienisch abgefaßt, und ihre Reihenfolge wurde absichtlich durcheinandergewürfelt, so daß ihre Chronologie und ihr Sinn dem Uneingeweihten verborgen blieb. Dadurch schützte sich Nostradamus vor nachteiligen Auswirkungen der Prophezeiungen auf seine Person. Dennoch erkannten viele Zeitgenossen, vor allem aber die Menschen späterer Generationen, die Bedeutung und die Wichtigkeit seiner Vierzeiler.

Eine Voraussage geht grausig in Erfüllung

Seine berühmteste Prophezeiung brachte ihm die Anerkennung von Katharina von Medici, Gemahlin von König Heinrich II. von Frankreich, ein. Nachdem er 1555 seine ersten sieben *Centurien* veröffentlicht hatte, wurde er von der Königin an den Hof eingeladen. Diejenigen seiner Prophezeiungen, die bei den Leuten des Hofes am beliebtesten waren, bezogen sich nicht nur auf den König (I, 35), sondern auch auf dessen sieben Kinder.

Die Königin verbrachte zwei Stunden mit Nostradamus und befragte ihn insbesondere wegen eines Vierzeilers, in dem offenbar der Tod ihres Gatten vorausgesagt wurde.[2]

Der König selbst jedoch zeigte sich uninteressiert. Diese verhängnisvolle *Centurie I, 35* lautet:

Der junge Löwe wird den alten besiegen,
auf dem Kampfplatz in einzigartigem Duell:
Er wird ihm in einem Käfig aus Gold die Augen ausstechen;
zwei Wunden in einer, um einen grausamen Tod zu sterben.[3]

Katharina forderte Nostradamus auf, ihr diesen Vierzeiler ausführlicher darzulegen, vor allem deswegen, weil König Heinrich schon vor Jahren von dem italienischen Seher und Astrologen Luc Gauric gewarnt worden war, daß sowohl der Beginn als auch das Ende seiner Regentschaft durch Duelle gekennzeichnet sein werde. Der König maß diesen Voraussagen offensichtlich keine Bedeutung bei; denn während der Hochzeitsfeierlichkeiten 1559 für seine Schwester Elisabeth, die Philipp II. von Spanien heiratete, und seine Tochter Marguerite, die sich mit dem Herzog von Savoyen vermählte, nahm er an allen drei Festtagen an Turnierkämpfen teil.

Während eines Gefechts am dritten Tag lieferten er und der Hauptmann Montgomery sich einen Schlagabtausch mit ihren Lanzen, wobei eine Absplitterung der Speerspitze von Montgomery den Helm des Königs durchdrang und sich ihm knapp oberhalb des Auges in den Kopf bohrte. Ein zweiter Splitter verletzte ihn am Hals. Nach zehn Tagen Todeskampf starb der König. Übereinstimmend mit der Prophezeiung benutzte der Hauptmann, der jünger als Heinrich war, auch den Löwen als Wappentier. Da Nostradamus' Voraussage sich so exakt bewahrheitet hatte, wurde gemunkelt, er sei an einer Verschwörung zur Ermordung des Königs beteiligt gewesen. Als sich auch andere Prophezeiungen über die königliche Familie als zutreffend erwiesen, wuchs seine Berühmtheit immer mehr, und Nostradamus entschied sich, seine ihm noch verbleibenden Lebensjahre ruhig und zurückgezogen, fern von den Städten, zu verbringen.

Im Verlauf der nächsten sieben Jahre verschlimmerte sich die Gicht, die ihm auch schon früher zu schaffen gemacht hatte, immer mehr, und es kam schließlich auch noch Wassersucht hinzu. Da er wußte, daß sein Ende bevorstand, machte Nostradamus am 17. Juni 1566 sein Testament, wonach er, neben anderen Dingen, 3444 Goldkronen hinterließ. Am Morgen des 2. Juli 1566 fand man ihn tot auf, genau an dem Tag, den er als seinen Todestag vorausgesagt hatte.

Nostradamus' Techniken der Weissagung

Es ist die einmalige Kombination von historischem und naturwissenschaftlichem Wissen mit magischen Kenntnissen und übernatürlichen Fähigkeiten, die die Menschen seit etwa 450 Jahren an Nostradamus fasziniert – und irritiert.

Er war ein begabter Mathematiker, Arzt und Astrologe. Er besaß die Fähigkeit, sich in Trance zu begeben, und zwar jederzeit. Seine Prophezeiungen stellen eine außergewöhnliche Mischung aus Wissenschaftlichem und Übernatürlichem, Offensichtlichem und Unverständlichem, Historischem und Mythischem dar.

Da er Ereignisse beschrieb, die weit in der Zukunft stattfinden würden, ist es nur natürlich, daß er sie in metaphorische Beschreibungen kleidete, die für seine Zeitgenossen und in vielen Fällen keinen Sinn ergaben. So sprach er von Insekten und Vögeln, wenn er Flugzeuge meinte, von großen wütenden Bränden, die für Atomwaffen stehen könnten, und er benutzte die Namen von Städten, Staaten und Personen der Vergangenheit, um künftige Ereignisse und Entwicklungen zu beschreiben. Da ist die Rede von kriegslüsternen Städten, die sich wie Sparta verhielten, und «königliche Vögel» sind vielleicht identisch mit den Adlern, welche die russischen Zaren, die deutschen Machthaber und die USA zu Emblemen ihrer Souveränität wählten.

Er verwendete astrologische Begriffe und Bezeichnungen, um auf bestimmte Ereignisse oder Menschen hinzuweisen, brachte z. B. Neptun ins Spiel, wenn er von Seegefechten oder von der türkischen Flotte sprach, den Mars, wenn er Krieger beschrieb, Sol oder die Sonne, wenn er Könige porträtierte, und Luna oder den Mond, wenn es um Königinnen oder starke Frauen oder auch um die Einflüsse des Islam ging.

Propheten wurden zu Nostradamus' Zeiten nicht nur von der Inquisition verfolgt, sondern auch von den weltlichen Herren. Daher hütete er sich, in seinen Aussagen zu deutlich zu werden. Es bestand immer die Gefahr, daß Personen von Rang, die seine Prophezeiungen – zu Recht oder nicht – auf sich bezogen und sich irritiert oder gar beleidigt fühlten, den lästigen Seher aus dem Weg schaffen wollten. Nostradamus schützte sich u. a. dadurch, daß er poetische, allegorische, verdunkelnde und verrätselnde Stilmittel einsetzte.

In den ersten zwei Vierzeilern der *Centurie I, 1*, hat Nostradamus seine Techniken der Weissagungen beschrieben:

Er sitzt nachts allein über seinen geheimen Studien;
sein Platz ist auf einem Dreisfuß aus Messing.
Eine kleine Flamme steigt aus der Leere empor
und führt das zum Erfolg, was nicht scheitern darf...

und

Der Zauberstab in der Hand liegt zwischen den Beinen des Dreifußes.
Mit Wasser besprenkelt er den Saum seiner Kleidung und seinen Fuß.
Eine Stimme, Angst; er erzittert unter seinem Rock.
Himmlischer Glanz; Gott sitzt an seiner Seite.[4]

Nach Auffassung von Erika Cheetham benutzte Nostradamus ähnliche Techniken wie im 4. Jahrhundert der syrische Neuplatoniker Iamblichos, dessen Buch *De Mysteriis Egyptorum* Nostradamus ohne weiteres gekannt oder besessen haben könnte, da es 1547 in Lyon nachgedruckt worden war. In eine mit Wasser gefüllte Schale zu schauen war ebenso wie die Benutzung einer Kristallkugel eine Möglichkeit, um meditierend in tiefe Trance zu fallen. Er könnte aber auch magische Beschwörungsformeln oder Rituale benutzt haben, mit denen er die Geistwesen des Alls herbeirief, die in ihn hineinfuhren und ihm die Prophezeiungen diktierten. Zweifellos war er von den Kräften, die ihm seine Prophezeiungen eingaben, inspiriert, zugleich aber auch erschreckt und überwältigt.

Er bediente sich verschiedener Techniken der Meditation – oder der «kreativen Visualisierung», wie man es heute vielleicht bezeichnen würde. Meditative Verfahren wie das Starren in eine Kristallkugel schaffen eine Atmosphäre, in der die Kontrollfunktion des Bewußtseins zurückgedrängt und der Zugang zu den tieferen Schichten des Unbewußten ermöglicht wird.

Es ist heute in der modernen Psychologie weithin anerkannt, daß das persönliche Unbewußte eines Menschen mit einem kollektiven Unbewußten der gesamten Menschheit verbunden ist, und daher ist es durchaus denkbar, daß Nostradamus, indem er seine meditativen Fähigkeiten trainierte, in die Lage versetzt wurde, sehr weit in die Zukunft zu sehen.

Seine Vierzeiler sind ziemlich allgemein gehalten, ihr Sinn ist verdunkelt. Deshalb können sie auf viele ganz unterschiedliche Ereignisse in der Welt angewendet werden, wie das folgende Beispiel zeigt (*Centurie II, 91*):

Ein großes Feuer wird sich zeigen, wenn die Sonne emporsteigt,
Lärm und grelles Licht werden sich nach Norden ergießen.
Ein Sterben wird auf dem ganzen Erdkreis beklagt werden.
Tod durch Eisen, Feuer und Hunger erwartet sie.[5]

Dieser Vierzeiler könnte sich auf jeden Krieg, jeden größeren Brand und deren Nachwirkungen beziehen, aber der Interpret Edgar Leonie zum Beispiel sah darin das Herannahen des Dritten Weltkriegs, und Cheetham deutete ihn als Angriff auf die USA oder Rußland (nördliche Länder!), die bei Sonnenaufgang bombardiert werden und danach großen Verwüstungen ausgesetzt sind.

Nostradamus schrieb nicht nur in einem sprachlichen Mischmasch, sondern verwendete oft für Eigennamen Anagramme. Einige von ihnen konnten entschlüsselt werden. So soll z. B. «Hister» für Hitler, «Chiren» für Heinrich II. (geschrieben «Henric») und «Ripas» für Paris stehen. Oft bezieht er sich auch auf die «Neue Stadt», womit New York City gemeint sein könnte. In der *Centurie VIII, 1* werden die Wörter «PAU», «NAY» und «LORON» in Großbuchstaben geschrieben, was, da es sich hierbei um Städte in Westfrankreich handelt, als ein französisches Anagramm für «NAPAULON ROY» – Napoleon, der König – gelesen wurde.

Nostradamus fühlte eine große geistige und moralische Verantwortung für die Auswirkungen seiner Prophezeiungen. Er hielt es oft für notwendig, über bestimmte Dinge hinwegzugehen oder sie zu verdunkeln, um nicht Menschen, Städte und Völker zu beunruhigen oder zu verletzen, und zwar sowohl zu seiner Zeit als auch in der Zukunft. Er machte die scharfsinnige Beobachtung, daß Königreiche, Sekten oder Religionen verschiedene Phasen der Entwicklung durchmachen, oft abweichend von ihren ursprünglichen Prinzipien oder von dem, was ihre momentanen Führer wollen. An derartigen Ideen läßt sich erkennen, daß er über ein hochentwickeltes philosophisches Verständnis des Wandels in der Geschichte und vom Wesen der Zeit verfügte. Er wußte, daß die Prophetie oft durch behauptete Verbindungen zur Magie, insbesondere zur schwarzen Magie, belastet wurde, aber er brachte stets seinen Glauben an die Weisheit Gottes und die Heiligkeit des göttlichen Planes zum Ausdruck.

Nostradamus war auch immer bemüht, die judicielle Astrologie von negativen Anklängen freizuhalten. Judicielle Astrologie ist das Vorhersagen von größeren Ereignissen, die in der Welt eintreten werden, und von Lebensbedingungen, die sich herausbilden werden. Sie beruht auf den Horoskopen von Ländern, ihren Herrschern und anderen Einflüssen. Nostradamus beschrieb sein Vorgehen dabei folgendermaßen:

> «Mit dieser Hilfe (der judiciellen Astrologie), durch göttliche Eingebung und dank sorgfältiger Berechnungen haben wir unsere Prophezeiungen schriftlich festlegen können.»[6]

Diese Form der Astrologie ermöglicht es, Ereignisse auch weit in der Zukunft zu beschreiben.

Wenn Nostradamus von den Methoden spricht, die es ihm erlauben, die Zukunft zu verstehen, dann bezieht er sich auf Bücher, die er entdeckt hatte, auf Schriften, die viele Generationen lang unbeachtet geblieben waren. Er hatte viele okkulte Texte gelesen und war von ihnen beeinflußt worden, entschloß sich aber schließlich, sie zu verbrennen, sie «dem Vulkan» zu übergeben. Er berichtet, sie hätten «unerwartet hell» gebrannt und einen «weichen Schimmer» über ihn und sein Haus gelegt, was ihn in seinen Weissagungen bestärkte und zu weiteren anregte.

Seine Beschäftigung mit Astrologie ermöglichte es ihm, seine Imaginationen mit übergeordneten, himmlischen Kräften in Einklang zu bringen. Er vertrat die Auffassung, daß in seiner prophetischen Sphäre die drei Aspekte der Zeit (Vergangenheit, Gegenwart, Zukunft) in einer einzigen Ewigkeit zusammengezogen seien. Nostradamus' Vorstellung von der Zeit entsprach derjenigen der modernen Physiker und Naturwissenschaftler wie z. B. Einsteins und des Zeitforschers John W. Dunne, wonach alle Vergangenheiten und Zukünfte innerhalb einer ewigen Gegenwart existieren. Aber Nostradamus bestritt andererseits die scheinbare Unausweichlichkeit der Ereignisse, indem er darauf hinwies, daß der freie Wille, über den die Menschheit verfüge, die Voraussagen erschwere.

Die astrologischen Centurien

Die Dinge, die sich ereignen werden, können durch Lichter in der Nacht und am Himmel (die Sterne und Planeten) vorausgesagt werden, die eine natürliche Erscheinung sind und verbunden mit dem Geist der Prophetie, ... aufgrund genauer Berechnungen ... Ich habe Bücher mit Prophezeiungen zusammengestellt, die jeweils hundert astronomische Vierzeiler mit Voraussagen darüber enthalten, ... was von jetzt an bis zum Jahr 3797 geschehen wird.[7]

Nostradamus bediente sich zum einen übersinnlicher, meditativer und Trance-Techniken, um seine Centurien zu erstellen, aber er benutzte für viele Vierzeiler auch die Astrologie, um die vorausgesagten Ereignisse mit Datierungen zu versehen.

Die Vorrede zum ersten Band enthält einen langen, erklärenden Brief an seinen Sohn Caesar, in dem der Verfasser behauptet, daß «ein göttliches Wesen es mir ermöglicht hat, aus dem Lauf der Sterne zu lernen».[8] Er verweist auf seine ererbte Gabe der Vorhersehung, die wahrscheinlich auf ihn beschränkt bleiben und nicht auf seinen Sohn übergehen werde, und fährt dann fort:

> Man muß auch in Betracht ziehen, daß die Ereignisse der Menschheit letztlich ungewiß sind und daß alles regiert und gelenkt wird von der unbegreifbaren Macht Gottes. Sie ist es, die uns inspiriert und leitet, nicht durch trunkene Raserei oder durch Gefühlsüberschwang, sondern durch astronomische Berechnungen. Nur durch die Macht Gottes belebt, sagen die Sterne Zukünftiges voraus und haben sie Anteil am prophetischen Geist.

Nostradamus war der Auffassung, daß zukünftige Ereignisse und die Daten, an denen sie stattfinden sollten, zwar durch die Bewegung der Planeten bestimmt würden, daß aber ihre Beschreibung durch Prophetie erfolge und sie von ihr auch beeinflußt werden könnten. Er betrachtete die Astrologie als eine «selbständige Naturwissenschaft», die in der Lage war, einige der Geheimnisse des Schöpfers zu enthüllen. Er wußte, daß in der Vergangenheit diejenigen Männer, die voraussagende Astrologie praktiziert hatten, hohes Ansehen genossen und Macht besessen hatten und durch ihre Einblicke in die Zukunft zu Propheten geworden waren. Und so sagte er auch: «Derjenige, der heute ein Prophet genannt wird, hieß früher ein Seher.»[9]

Viele der Nostradamus-Interpreten legen seine astrologischen Vierzeiler falsch aus. So werden z. B. in Cheethams *Prophecies of Nostradamus* (1973) die «drei Wasser-Zeichen», die in *Centurie I, 50* erwähnt werden, als Widder, Krebs und Wassermann interpretiert, wobei aber nur Krebs ein Wasser-Zeichen ist. Eine eingehende Untersuchung der astrologischen Vierzeiler, der Methoden von Nostradamus und der Aussagen moderner Deuter führt zu interessanten Schlußfolgerungen. Die astrologischen Vierzeiler lassen auch klar erkennen, daß Nostradamus die Daten künftiger Ereignisse in einer subtilen und esoterischen Weise andeutete, die nur für kompetente Astrologen verständlich war. Nur wenige der Vierzeiler können anhand der astrologischen Informationen, die sie enthalten, mit konkreten Daten versehen werden, denn sie beschreiben Planetenbahnen oder Konstellationen, die immer wieder auftreten. Die astrologische Information muß mit anderen Textelementen, mit Namen und mit beschreibenden Aussagen im jeweiligen Vierzeiler in Verbindung gebracht werden, um eine korrekte Interpretation zu ermöglichen. So erschuf Nostradamus ein Modell zyklisch ineinandergreifender Zeiten, in dem er Ereignisse nach Belieben in die Zukunft projizieren konnte.

Viele dieser Vierzeiler sind zweideutig, auch wenn man

mit einem fundierten astrologischen Wissen an sie herangeht. Allerdings wird man in jeder historischen Situation natürlicherweise annehmen, daß sich eine Prophezeiung immer auf die jeweils jüngste Manifestation eines astrologischen Ereignisses bezieht. Dadurch läßt sich die enorme Wirkung erklären, die die Prophezeiungen in verschiedenen aufeinanderfolgenden Generationen ausgeübt haben.

Weil er Almanache verfertigte, war Nostradamus darin geübt, planetarische Tabellen zu berechnen, mit denen astrologische Positionen in die Zukunft projiziert werden konnten. Während er in der Einleitung zu den *Centurien* das Jahr 3797 erwähnt, hat es an anderen Stellen den Anschein, als begrenze er seine Prophezeiungen auf den Zeitraum bis zum Jahr 2000. Dadurch beschränkte er seine Voraussagen auf das Fische-Zeitalter, auf den Zeitraum zwischen seiner Lebenszeit und dem Jahr 2000.

Es ist faszinierend, daß, obwohl Nostradamus behauptete, die Daten für alle *Centurien* zu kennen, nur fünf der Vierzeiler mit konkreten Zeitangaben ausgestattet sind: *III, 77; VI, 2* und *97; VIII, 71* und *X, 72*.

Als Beispiel für die Mehrdeutigkeit sogar der unzweifelhaft astrologisch geprägten Vierzeiler führt Cheetham an, daß in *Centurie I, 50*, in der es um den dritten Antichrist geht, von einer Person mit drei Wasser-Zeichen die Rede ist, welche Unruhe in die Länder des Ostens bringt. Das ist vor allem deswegen interessant, weil bei Saddam Hussein drei Planeten, welche die Kraft der Zerstörung repräsentieren, jeweils in einem Wasser-Zeichen stehen, und zwar in einem Großen Trigon: Mars im Skorpion, Saturn in den Fischen und Pluto im Krebs. Doch auch bei Kaiser Wilhelm II. stand der Aszendent im Krebs, Mars und Neptun in den Fischen und der Mond im Skorpion, ebenfalls in einem Großen Trigon. Beide Männer erfüllen also die Voraussetzung, aber es gibt selbstverständlich noch viel mehr Menschen, die unter dieser Konstellation geboren wurden.

In *Centurie I, 16* ist die Rede von «einer Sense, die mit einem Teich im Zeichen des Schützen verbunden ist». Cheetham interpretiert dies als eine Konjunktion von Saturn und Wassermann, was jedoch unmöglich ist, weil Saturn ein Planet und Wassermann ein Tierkreiszeichen ist. Es könnte indes eine Konjunktion von Saturn (Sense) und Mond (Teich) im Zeichen des Schützen bedeuten, die alle 29½ Jahre eintritt, wenn der Saturn in das Zeichen Schütze zurückkehrt und dort jeden Monat mit dem Mond zusammentrifft. Der deutsche Interpret Christian Wöllner datierte das betreffende Ereignis auf das Jahr 1699, während der Amerikaner Harry C. Roberts dafür das Jahr 1999 annahm. Dies ist also ein Beispiel für einen Vierzeiler, der sich auf ein allgemeines Ereignis bezieht, das in periodischen Abständen wiederkehrt.

Daraus ergibt sich eine wichtige Folgerung: Die Astrologie geht davon aus, daß eine Kombination von Aspekten, unter denen die Planeten zueinander stehen, ein bestimmtes Ereignis bezeichnet, das erneut eintritt, wenn dieselbe Kombination von Aspekten wiederkehrt, auch wenn diese nachfolgenden Kombinationen in anderen Tierkreiszeichen stattfinden, was das Ereignis in gewisser Weise verändert. Zu Nostradamus' Zeiten waren nur die Planeten bis zum Saturn bekannt. Bedingt durch den nur 29½ Jahre dauernden Zyklus des Saturn kam es regelmäßig zu planetarischen Konstellationen mit zwei, drei oder sogar vier Planeten, oft mehrmals in einem Jahrhundert. Konjunktionen zwischen Jupiter und Saturn, den beiden langsamsten klassischen Planeten, ergeben sich alle 20 Jahre, und dies scheint z. B. immer auf Attentate auf amerikanische Präsidenten bzw. auf deren Tod während ihrer Amtszeit hinzudeuten, wenn die Präsidenten in einem Jupiter/Saturn-Jahr gewählt wurden. Das betraf die Präsidenten Lincoln (1860 gewählt, ermordet), Garfield (1880 gewählt, ermordet), McKinley (1900 gewählt, ermordet), Harding (1920 gewählt, gestorben), F. D. Roosevelt (1940 gewählt, gestorben), Kennedy (1960 gewählt, ermordet) und Reagan (1980 gewählt, Attentatsversuch).

Mit der Entdeckung der äußeren Planeten Uranus, Neptun und Pluto erweiterte sich der maximale Zyklus der bekannten Planeten beinahe bis ins Unendliche. Uranus wurde 1781 von William Herschel entdeckt, Neptun 1846 von Urbain Leverrier und Johann Gottfried Galle und Pluto 1930 von Percival Lowell. Da ein Umlauf des Uranus 84 Jahre, des Neptun 165 Jahre und des Pluto 265 Jahre dauert, ist eine Wiederholung von Konstellationen, an denen alle drei äußeren Planeten beteiligt sind, äußerst selten. Die Wiederholungsdynamik planetarischer Konjunktionen hat sich daher seit Nostradamus' Zeiten deutlich verändert.

Die in dem zuletzt erwähnten Vierzeiler beschriebene Konjunktion von Saturn und Mond im Zeichen des Wassermanns ist allerdings recht häufig, und zwar deswegen, weil der Saturn alle 29½ Jahre jeweils 2½ Jahre in einem Zeichen verweilt und weil der Mond den Saturn während des Zyklus jeden Monat passiert, also ungefähr dreißigmal! Wenn man das planetarische Geschehen und das astrologische Wissen darüber in dieser Weise auffaßt, dann müssen zumindest einige von Nostradamus' Prophezeiungen auf mehr als nur ein Ereignis bezogen werden, denn diese Ereignisse finden in jedem Zeitalter mehrmals statt. Paradoxerweise begreifen das viele Interpreten nicht und versuchen immer noch, die Prophezeiungen zu einmaligen Ereignissen in Bezug zu setzen.

Sogar Konstellationen, die bei Nostradamus als etwas

Besonderes erscheinen, wiederholen sich häufiger. In *Centurie II, 48* heißt es: «Die große Armee wird über den Berg ziehen, wenn der Saturn im Zeichen des Schützen steht und der Mars in das Zeichen der Fische wandert.»[10] Viele Interpreten haben behauptet, diese Konstellation sei sehr selten, seit der Veröffentlichung von Nostradamus' Schriften überhaupt erst einmal aufgetreten, und zwar im Juli 1751, und Edgar Leonie meinte, sie werde das nächste Mal erst wieder im Jahr 2193 vorkommen. In Wirklichkeit ist das eine recht häufige Konstellation, und sie ist allein in diesem Jahrhundert schon dreimal aufgetreten, nämlich im Mai 1928, im November 1956 und im November 1986.

In bezug auf *Centurie IV, 67* stellt Cheetham zutreffend fest, daß die Saturn/Mars-Konjunktion regelmäßig zu beobachten ist. Und in der Tat tritt sie allein im 20. Jahrhundert zehnmal in Erscheinung, das letzte Mal 1998. Dieser Vierzeiler scheint auf eine Hungersnot hinzuweisen, die durch extreme Hitze ausgelöst wird, auf einen Meteor, der schwere Verwüstungen verursacht, und auf einen Ort, der durch «verborgene Feuer» in Brand gesteckt wird, möglicherweise durch Kriege oder Plünderungen. Obwohl diese Konstellation sich häufig wiederholt, könnte sie durchaus von großer Relevanz sein für die heute zu beobachtende Zerstörung der Ozonschicht, für die Hungersnöte, die Jahr für Jahr zunehmen, und für die Kriege und die Auseinandersetzungen, die aus diesen Zuständen entstehen und sich in der Zukunft wahrscheinlich weiter verschärfen werden.

In *Centurie VI, 24* weist eine Konjunktion zwischen Mars und Jupiter im Zeichen des Krebses auf einen furchtbaren Krieg hin, an dessen Ende ein neuer König an die Macht kommen wird. Nach Wöllner ist dies ein einzigartiges astrologisches Ereignis, das sich am 21. Juni 2002 zutragen werde, doch hat es seit 1812 schon sechsmal stattgefunden.

Centurie X, 67 beschreibt eine astrologisch sehr komplizierte Situation, die dadurch gekennzeichnet ist, daß im Monat Mai der Saturn im Steinbock steht, Jupiter und Merkur im Stier, Venus im Krebs und Mars in der Jungfrau. Obwohl in diesem Vierzeiler konkret nur von einem Hagelsturm und einem möglichen Erdbeben die Rede ist, ist er wegen dieser astrologischen Konfiguration sehr interessant. Die vorgeschlagenen Daten sind der 10. Mai eines unbekannten Jahres oder der April 1929, was sich aber schon als unzutreffend herausgestellt hat, oder, wie Wöllner meint, der Mai des Jahres 3755.

Auch in anderen Vierzeilern sind die astrologischen Bezüge ziemlich dunkel und schwierig zu verstehen. In *Centurie VI, 35* weist Nostradamus auf ein bestimmtes astrologisches Ereignis hin:

> Nahe bei dem Bären und nicht weit entfernt von der weißen Wolle
> Widder, Stier, Krebs, Löwe, Mars und Jupiter;
> die Sonne wird die große Ebene, die Wälder und Städte verbrennen;
> Briefe sind in der Kerze verborgen.

Der Bär ist die Konstellation des Großen Bären oder des Kleinen Bären, und mit der weißen Wolle könnte die Milchstraße gemeint sein. Wenn nicht, wäre es unmöglich, diesen Vierzeiler zu entschlüsseln.

Fixsterne wurden von den Astrologen seit Urzeiten zur Voraussage und zur Prophezeiung herangezogen. Jeder der wichtigen Sterne und der großen Konstellationen, auch jene, die die Tierkreiszeichen bilden, hatte seine eigene Bedeutung und seinen herrschenden Planeten. So deuteten die vom Mars regierten Sterne auf Krieg, Gefahren durch Feuer, Wut und Erbitterung und auf andere Aggressionen hin.

Centurie VIII, 90 ist ein Beispiel für einen Vierzeiler, in dem Fixsterne eine Rolle spielen:

> An einem geheiligten Ort wird ein Kreuzfahrer das
> Horn des Stieres sehen,
> obwohl der Platz der Jungfrau besetzt sein wird;
> und der König wird seine Herrschaft nicht länger
> aufrechterhalten können.

Der dem Mars zugeordnete Stern Aldebaran ist der zentrale Stern in der Konstellation «Horn des Stieres», die traditionellerweise auf Gefahren durch Gift hinweist, so daß hier diese Konstellation gemeint sein könnte.

Nostradamus stellte immer wieder das Niveau anderer Astrologen in Frage. So enthält *Centurie VI, 100* eine Verwünschung unbedarfter Kritiker und jener Astrologen, die den nötigen Anforderungen nicht genügen: Nostradamus beschimpft die große Schar derer, die keine Ahnung haben, und geißelt die Astrologen, die diese Wissenschaft nur unzureichend studiert haben.

Alchemistische und kabbalistische Einflüsse

Nostradamus interessierte sich, wie viele intelligente und aufnahmebereite Menschen seiner Zeit sowie später z. B. auch Isaac Newton, für die Alchemie. Die Alchemie, die immer noch von einem geheimnisvollen und magischen Flair umgeben ist, war ein grundlegendes Element in der Weltsicht von Nostradamus.

In unserem Jahrhundert hat die Alchemie eine neue Wertschätzung erfahren, denn der Tiefenpsychologe Carl Gustav Jung hat gezeigt, daß sie eine frühe Form der Psychologie darstellt. Die Kunst, aus unedlen Metallen Gold zu machen, war die materielle Zielsetzung der Alchemie, hinter der die ideelle oft verschwand, die darin bestand, das «Große Werk» zu vollbringen; die Umwandlung des unreifen Menschen in eine spirituell hochentwickelte Persönlichkeit. In vielen Centurien geht es nicht um Voraussagen, sondern um alchemistische Prozesse, so beispielsweise in der *Centurie II, 2*:

Das göttliche Wort wird Himmel und Erde erfüllen,
verborgenes Gold in einer mystischen Handlung.
Körper, Geist und Seele sind eine starke Macht,
Alles liegt unter seinen Füßen, dort, wo der Ort des
Himmels ist.

Nostradamus ließ erkennen, daß er neben divinatorischen, astrologischen und meditativen Praktiken auch kabbalistische Methoden für seine Voraussagen verwendete. In vielen Vierzeilern finden sich kabbalistische Vorstellungen, wie z. B. die Hinweise auf den Himmel und seine verschiedenen Sphären. Nostradamus wußte, wie er sich die Kräfte der Engelwesen, die an diesen Orten zu Hause waren, nutzbar machen konnte, und er kombinierte die Einsichten, die er daraus gewann, mit seinen astrologischen Techniken, um Prophezeiungen für die Zeitenwende zu erstellen.

Das Ende der Zeiten

Obwohl Nostradamus das Jahr 3797 als Datum für das Ende der Welt erwähnt,[11] beschreibt er auch eine Reihe von Ereignissen, die auf das Hereinbrechen von Katastrophen und Kataklysmen hinweisen, wenn das Wendejahr 2000 näherrückt. Ähnlich wie in der *Offenbarung* in der Bibel heißt es bei ihm prophetisch, daß

> «das Schwert des Todes zu uns unterwegs ist, in Gestalt von Seuchen, Krieg (fürchterlicher als man ihn seit drei Generationen kennt) und Hungersnöten, die die Erde befallen werden und in bestimmten Abständen immer wieder zurückkehren werden»[12].

Regen und Feuerstürme ungekannten Ausmaßes werden kommen, von denen nichts und niemand verschont bleiben wird. Doch dies ist nur das Vorspiel dessen, was Nostradamus «den Weltenbrand» nennt, der ausbricht, wenn der Mars seinen Zyklus beendet hat. Wie er das meint, bleibt unklar, denn er bezog sich auf sein eigenes Modell der Planetenbahnen, das kabbalistischen Ursprungs war. Daraus folgerte er, daß

> «einige sich im Zeichen des Wassermanns für einige Jahre versammeln werden, und andere im Zeichen des Krebses, was von längerer Dauer sein wird.»

Er sah voraus, daß viele Jahre nach seiner Zeit Seuchen, Hungersnöte und Naturkatastrophen die Menschheit dezimieren, so daß nicht einmal mehr genug Leute übrigbleiben, um Landwirtschaft zu betreiben. Diese Prophezeiung erhält dadurch Gewicht, daß während der außergewöhnlichen astrologischen Konstellation des Jahres 1999 die mächtigen äußeren Planeten Uranus und Neptun, die gerade solche Ereignisse repräsentieren, sich annähernd in einer Konjunktion im Zeichen des Wassermanns befinden werden, nachdem sie schon im Jahre 1993 in einer exakten Konjunktion im Zeichen des Steinbocks standen.

Der Tausendjahre-Zyklus

> Wenn das Rad der Zeit das siebte Jahrtausend erreicht hat, dann wird das Spiel des Todes beginnen.
>
> *Centurie X, 74*

In seiner *Vorrede an Heinrich II.* schreibt Nostradamus, daß seine «astronomische Infinitesimalrechnung» es ihm erlaube, genausoweit in die Zukunft zu blicken wie die Historiker seiner Zeit in die Vergangenheit. Wenn also seine Projektionen bis zum Zeitpunkt der Schöpfung zurückreichten, die angeblich 6000 Jahre zurücklag, dann beanspruchte er damit, auch Aussagen über denselben Zeitraum in die Zukunft hinein machen zu können.

Nostradamus bezog sich in seinen Vorreden auch auf die sieben tausendjährigen Perioden, von denen die hebräische Geschichtsauffassung ausgeht, und es ist offenkundig, daß er die Beschreibungen und die Datierungen in seinen Voraussagen auf diese großen Zeitabschnitte ausrichtete. In *Centurie I, 48* findet sich ein Hinweis auf den Zyklus der Jubeljahre, denn es ist die Rede davon, daß die Erde zerstört werden wird, bevor die Sonne in ihren letzten Zyklus eintritt. In *Centurie X, 74* schreibt er von einem «Jahr der siebten Zahl», was bedeuten soll, daß die siebte tausendjährige Periode etwa um das Jahr 2000 zu Ende gehen wird. Des weiteren prophezeit er große Gemetzel kurz vor der Zeit, in der die Toten wiederauferstehen würden, was auch in der *Offenbarung des Johannes* und im Buch *Henoch*, das noch zur jüdischen apokalyptischen Literatur gehört, erwähnt wird. In *Centurie III, 79* beschwört er die «neue ewige Ordnung», und es ist die Rede davon, daß die Zeit ihren Lauf ändert, was ebenfalls auf den tausendjährigen Zyklus deutet.

Es scheint, daß Nostradamus bei seiner Aussage, die Welt werde im Jahr 3797 an ihr Ende kommen, die 7000 Jahre der sieben tausendjährigen Zyklen als Dauer der Welt zugrunde legte und dann davon das Schöpfungsdatum 3202 v. Chr. subtrahierte, um das «Ende der Zeiten» festzulegen (3797 + 3203 = 7000 Jahre).

Nostradamus entwickelte auch ein besonderes Verfahren, um Unterzyklen der Weltzeitalter zu ermitteln. Ihre Anfangs- und Endpunkte sind zwar nicht eindeutig, aber Nostradamus ging davon aus, daß der Mond seinen Zyklus, den er 1889 beginnen würde, im Jahr 2250 beenden würde. In der darauffolgenden Ära des Saturn würden diejenigen Himmelszeichen regieren, die der Welt ihren endgültigen Untergang ankündigen.

Nostradamus beschreibt eine Reihe von tragischen, tiefgreifenden Ereignissen, die beim Herannahen des Wendejahres 2000 auftreten und in der bisherigen Geschichte ohne Beispiel seien. Viele Ereignisse überschneiden sich zwar, aber die Hauptereignisse kann man nach folgenden Gruppen zusammenfassen:

- der Golfkrieg;
- Prophezeiungen zum Verhältnis zwischen Rußland und den USA;

- «die Drei» und die Gemeinschaft Unabhängiger Staaten;
- England und die Europäische Gemeinschaft;
- das Papsttum;
- der Dritte Antichrist;
- weitere Ereignisse beim Näherrücken der Zeitenwende;
- Natur- und Umweltkatastrophen.

Nostradamus prophezeite, daß sich in den letzten Jahren des 20. Jahrhunderts große politische und religiöse Veränderungen vor dem Hintergrund globaler Natur- und Umweltkatastrophen abspielen würden. Es ist nicht ganz klar, ob er Politik und Religion wie Ursache und Wirkung miteinander verband, aber man kann sicherlich davon ausgehen, daß er sie eng ineinander verwoben sah. Und daraus ergibt sich ein erschreckender Bezug zu unserer heutigen Zeit, denn es ist ja gerade das Zusammentreffen von politischem Zerfall, religiösem Fundamentalismus und ökologischem Ungleichgewicht, das die 90er Jahre des 20. Jahrhunderts bereits jetzt prägt.

Der Golfkrieg

Anfang 1991: Nostradamus schreibt von einem großen Krieg mit heftigen Bombardierungen, der beim Herannahen der Jahrtausendwende im Nahen Osten stattfindet. Diese Prophezeiung verweist in beklemmender Weise auf den langen iranisch-irakischen Krieg in den 80er Jahren und auf die Operation Wüstensturm Anfang 1991. In *Centurie VIII, 70* ist die Rede von einem verschlagenen und brutalen Tyrannen, der Mesopotamien terrorisiert. Das könnte sich zweifellos auf Saddam Hussein und den Golfkrieg beziehen. Mit dem «furchtbaren und schwarzen Land» wären die

Ölfelder in Kuwait gemeint, die die Irakis nach ihrer Niederlage angezündet hatten.

Centurie V, 23 wird oft denjenigen Vierzeilern zugeschlagen, die sich mit dem Verhältnis der beiden Alliierten, USA und Rußland, befassen, die durch Abrüstungsverträge einander näherkommen. Die Anspielung auf den Mars als Verursacher des Bündnisses könnte sich auf den Vertrag über die Nichtweiterverbreitung von Atomwaffen beziehen, während mit einem «schrecklichen arabischen Führer» möglicherweise Ghaddafi gemeint ist. Die Prophezeiung, daß das «Duumvirat» (die Zweier-Allianz) durch eine Flotte erschüttert wird, könnte auf das Durchbrechen der Seeblokkade durch die Iraker hindeuten, was schließlich zum Beginn der Operation «Wüstensturm» führte.

Ende 1993: In *Centurie IV, 95* wird ein Zeitraum von drei Jahren und sieben Monaten erwähnt, der verstreicht, bevor wieder ein Krieg ausbricht. Diese Voraussage könnte sich auf einen Krieg zwischen den USA und Rußland beziehen, nachdem ihre Allianz zerbrochen ist. Cheetham gibt zu bedenken, daß die Formulierung in diesem Vierzeiler, in der von «zwei Vestalinnen» die Rede ist, eine Verballhornung von «Vasallen» sein oder «zwei kleinere Länder» bedeuten könnte. Man könnte es als Hinweis auf die Ereignisse nach dem Zusammenbruch der Sowjetunion deuten. Die zwei Vasallen wären dann zwei kleinere Republiken der ehemaligen UdSSR, die über Atomwaffen verfügen und in dem Bündnis zwischen den USA und Rußland nicht vertreten sind. Dieses freundschaftliche Verhältnis, das 1990 begann, könnte demnach Ende 1993 schon wieder durch einen Krieg unterbrochen werden.

Centurie III, 95 sagt voraus, daß das vom Islam geprägte Recht scheitert, daß ihm aber eine kaum angenehmere Form des Rechts nachfolgt. Außerdem wird darin ein Fluß in Rußland erwähnt, der Dnjepr, der in verschiedene Flußarme umgeleitet wird. Das könnte auf das Scheitern der friedlichen Versuche, die Probleme Rußlands zu lösen, hinweisen und auf die Möglichkeit gewaltsamer Auseinandersetzungen um die Vorherrschaft in den ehemaligen Republiken der UdSSR. In den islamischen Republiken im Süden der ehemaligen UdSSR gibt es ja bereits blutige Streitigkeiten, und diese Staaten drohen, sich mit den fundamentalistisch regierten islamischen Ländern zusammenzuschließen, die sowohl den Westen als auch Rußland als ihre Gegner betrachten.

Nostradamus deutet an, daß Armeen aus Armenien sich in Richtung Europa aufmachen könnten. In dieser Prophezeiung spiegelt sich die Befreiung von Armenien und Aserbeidschan wider, die 1991 nach dem Zusammenbruch der UdSSR die Chance erhielten, unabhängig zu werden. Die neuen Gebietsstreitigkeiten, wie der Konflikt um Berg-Karabach, haben ihre Ursache in früheren Ungerechtigkeiten. Es besteht die Gefahr, daß die Atomwaffen, die früher der sowjetischen Zentralregierung unterstanden, nun von unabhängig gewordenen ehemaligen Teilrepubliken wie Aserbeidschan oder der Ukraine für sich reklamiert werden und diese sich zu unkontrollierbaren Atommächten entwickeln.

Prophezeiungen über die Zukunft Rußlands

Ende der 80er Jahre: In *Centurie IV, 32* ist die Rede von «Dingen, die beide Freunde betreffen» – möglicherweise ein Hinweis auf die Überwindung des Kommunismus. In diesem Vierzeiler heißt es, daß Fleisch durch Fisch ersetzt werden wird, was vielleicht auf ein Absinken des Lebensstandards hindeuten könnte, und daß die alte Ordnung (die Kommunistische Partei) zuerst noch starken Widerstand leistet, dann aber, nachdem sie gestürzt ist, sehr schnell verschwindet und ihren Einfluß verliert.

1990–2005: In *Centurie VI, 21* wird für die frühen 90er Jahre ein Bündnis zwischen Rußland und den USA angekündigt, wenn der «neue Mann», Boris Jelzin, durch «den Großen» unterstützt wird, womit entweder Gorbatschow oder der US-Präsident gemeint ist. Außerdem wird in diesem Vierzeiler von der «nördlichen Welt» gesprochen, die von Seuchen heimgesucht wird, eventuell ein Hinweis auf die epidemieartige Ausbreitung von Aids in der letzten Dekade dieses Jahrhunderts.

Nach *Centurie IV, 50* wird das Zeichen «Waage» über den Westen regieren, «und niemand wird bemerken, wie Asien zerstört wird, solange die Sieben vorherrschend ist». Mit der Sieben könnte zwar die Gruppe der sieben wichtigsten Industrieländer gemeint sein, die den größten Einfluß auf die Weltwirtschaft haben, aber wahrscheinlicher ist, daß sich dahinter die neuen unabhängigen Republiken aus der Konkursmasse der UdSSR verbergen. Nachdem diese Republiken jeweils ihre Unabhängigkeit erklärt hatten, begannen sie, miteinander zu verhandeln, wobei jede das Ziel verfolgte, in der neu entstehenden Gemeinschaft Unabhängiger Staaten (GUS) eine möglichst einflußreiche Rolle zu spielen. Das hat in der Europäischen Gemeinschaft, in den USA und in anderen Ländern Befürchtungen geschürt, es könnte wegen des Streits um die Aufteilung der Armee, des Waffenarsenals und insbesondere der Atomwaffen zu Spannungen und zu Auseinandersetzungen zwischen diesen Republiken kommen.

Nach *Centurie V, 78* wird das Bündnis zwischen den

USA und Rußland nur 13 Jahre Bestand haben, danach wird es durch stärkere, barbarische Mächte auseinandergesprengt werden. Es gibt auch einen Hinweis auf eine Barke oder ein Schiff, der sich auf das Papsttum, aber auch auf das rückbenannte Sankt Petersburg beziehen könnte; der hl. Petrus gilt ja als «das Schiff der Kirche». In vielen der Vierzeiler, die auf Rußland anspielen, aber auch in anderen, geht es um gestürzte Führer, was man mit der nach dem Zusammenbruch der UdSSR zunehmenden Distanzierung von Lenin und anderen kommunistischen Staatsführern des Ostblocks in Verbindung bringen könnte.

Nostradamus weist darauf hin, daß in dieser Zeit die Kirche wieder an Macht und Einfluß gewinnen wird:

> Der große Priester wird wieder in seinen früheren Stand
> versetzt werden;
> alles wird verlassen und verkommen sein,
> aber das Heiligtum, das die Heiden zerstört haben,
> wird neu entstehen.[13]

Da in den 74 Jahren der kommunistischen Herrschaft das Christentum stark unterdrückt wurde und sich in den nördlichen Republiken der ehemaligen UdSSR bereits unübersehbare Tendenzen einer Wiederbelebung des christlichen Glaubens zeigen, erweist sich diese Prophezeiung als äußerst zutreffend.

In diesen russischen Prophezeiungen ist oft auch die Rede von den «Roten», der «Sichel», dem «Herrscher des Nordens» oder dem «russischen Gegenpapst». In der Vorrede an seinen Sohn beschreibt Nostradamus noch eine Reihe von anderen Ereignissen, die heute vor unseren Augen ablaufen. Er spricht nicht nur von weltweiten Hungersnöten und Naturkatastrophen, sondern auch von Klimaveränderungen, die denen nicht unähnlich sind, die man als Folge des Treibhauseffekts und der Abnahme der Ozonschicht erwartet. Zu dieser Zeit wird der «Dritte König des Nordens» herrschen, der nach Nostradamus entweder ein Russe oder ein Deutscher ist. Nachdem sich das Volk beklagt hat, überschreitet der König die Grenzen, die ihm seine Vorfahren gesetzt haben, und «verwandelt alles in seinen früheren Zustand zurück»[14]. Die Bezeichnung «Dritter König des Nordens» ist vor allem deswegen beachtenswert, weil man argumentieren könnte, daß die Zaren die ersten Könige waren, die kommunistischen Führer von Lenin über Stalin bis zu Gorbatschow die zweiten Könige, und daß der dritte König der Mann oder die Männer sein müssen, denen nun in der Zeit nach der Auflösung der UdSSR eine führende Rolle zufällt. Eine unwahrscheinliche, aber immerhin mögliche Entwicklung wäre in diesem Zusammenhang auch die tatsächliche Rückkehr Rußlands zur Monarchie.

«Die Drei» und die Gemeinschaft Unabhängiger Staaten

Ein Schlüsselwort in vielen Vierzeilern sind die «drei Brüder» oder einfach «die Drei». Diese Bezeichnung wurde oft auf die Kennedy-Brüder bezogen, insbesondere von Cheetham, aber es gibt auch noch eine andere mögliche Übersetzung dafür. Es könnten damit die drei Republiken Rußland, Ukraine und Weißrußland gemeint sein, die 1991 als Gründerväter der Gemeinschaft Unabhängiger Staaten (GUS) auftraten. Und unter diesem Gesichtspunkt betrachtet, sind die Prophezeiungen recht plausibel.

Anfang der 90er Jahre: Nach *Centurie IX, 36* wird der alte König (Gorbatschow) von einem jüngeren Mann (Jelzin, der immerhin ein paar Monate jünger ist als Gorbatschow) gefangengenommen, was zu einem Zustand großer Verwirrung führt. Die drei (Republiken), die lange Zeit gefangengehalten worden waren, werden später niedergemacht. Das könnte auf politischen und militärischen Druck hindeuten, den die anderen, kleineren Mitglieder der Gemeinschaft Unabhängiger Staaten auf die Kernmitglieder ausüben.

In *Centurie V, 2* werden sieben Verschwörer beschrieben, die sich bei einem Bankett erheben und ihre Waffen gegen «die Drei» richten. Außerdem heißt es in diesem Vierzeiler, daß einem der Führer durch seine Rüstung hindurch in die Stirn geschossen wird. Dies könnte auf gefährliche Tendenzen in den weniger stabilen Mitgliedsrepubliken der GUS-Gemeinschaft hinweisen, die unzufrieden sind und von den sieben Industriemächten zum Aufstand angestachelt werden. Der Führer, der dem Anschlag zum Opfer fällt, ist daher entweder Jelzin oder einer der Präsidenten der anderen zwei Kernrepubliken. Gorbatschow wurde mit dem Jahreswechsel 1991/92 aus dem Amt gedrängt, und Jelzin wird ihm auf diesem Weg höchstwahrscheinlich folgen, wenn die Menschen erkennen, daß er den Hunger und das wirtschaftliche Chaos ebensowenig meistern kann.

Verschiedene «Sekten» schließen sich in *Centurie IX, 51* gegen die Roten zusammen, ein klarer Hinweis auf den Abfall der ehemaligen Sowjetrepubliken, die sich in den Jahren 1991 und 92 alle für unabhängig erklärten. Hier wird vorausgesagt, daß Armut und Hunger alle Republiken bis auf eine in Mitleidenschaft ziehen werden, und diese eine wird dann die Welt zerstören. Als sich die Gemeinschaft Unabhängiger Staaten bildete, behielten die kleineren Republiken die auf ihrem Boden stationierten Atomwaffen, und im Westen herrscht Besorgnis darüber, daß diese armen und unterentwickelten Staaten bereit sein könnten, den Chinesen oder fundamentalistischen islamischen Staaten ihr Nuklearpotential zu verkaufen.

Drei wunderhübsche Kinder werden in *Centurie VIII, 97* nahe einem Flußufer geboren, doch nachdem sie erwachsen geworden sind, richten sie ihr Volk zugrunde. Auch diese Voraussage könnte sich auf die drei Kernrepubliken der GUS beziehen, die, wenn sie politisch und militärisch erstarkt sind, für ihre Nachbarn eine Bedrohung darstellen. Denn diese drei Republiken verfügen über den größten Teil des Nuklearpotentials, der Armee und der Flotte der ehemaligen UdSSR, und aufgrund ihrer politischen Instabilität könnten sie durchaus zu einer Bedrohung werden. Man könnte, aus einem anderen Blickwinkel betrachtet, in diesen drei Kindern allerdings auch die Söhne der britischen Königin Elizabeth II. sehen, die das Schicksal dazu ausersehen hat, den Abgesang auf die Monarchie in Großbritannien anzustimmen.

Die «zwei großen Führer», die Nostradamus in *Centurie II, 89* erwähnt, «werden Freunde werden», ihr Einfluß wird wachsen, und das neue Reich wird in der Blüte seiner Macht stehen. Doch in dieser Anspielung auf die neue Allianz zwischen den USA und Rußland ist auch schon das Erscheinen eines «Mannes des Blutes» verborgen, und Nostradamus gibt ja in *Centurie IV, 95* zu verstehen, daß dieses Bündnis nur drei Jahre und sieben Monate halten wird. Cheetham meinte, diese Andeutung bezöge sich auf einen Staatsstreich in Rußland, der 1991 auch verübt wurde, aber es geht dabei wahrscheinlich eher um die Zukunft des Bündnisses der ehemaligen Teilrepubliken der Sowjetunion. Der noch verbliebene Einfluß der Altkommunisten birgt durchaus die Gefahr eines Putsches. Der «Mann des Blutes» wird vermutlich ein Politiker sein, der die beiden mächtigen Republiken Rußland und Ukraine vereinigen und sich schließlich als Gewaltherrscher oder auch als spiritueller Führer entpuppen wird, der die Bevölkerung in den 90er Jahren mobilisiert.

1992: Drei Brüder stürzen in *Centurie VIII, 17* die Welt ins Unglück, aber «ihre Feinde erobern die Hafenstadt». Harry C. Roberts sieht darin einen Hinweis auf eine kommende Weltrevolution. Die «Brüder» symbolisieren auch hier nicht die Kennedys, wie von verschiedenen Interpreten angenommen wurde, sondern die drei Kernrepubliken der GUS, die sich darüber streiten, wem die Kriegsmarine, die in den Schwarzmeer-Häfen stationiert ist, gehören bzw. wer sie kontrollieren soll. Durch Hunger, Feuer, Blut und Seuchen verschlimmern sich die Verhältnisse, und das ist die beste Voraussetzung für das Entstehen von Gewalt und für militärische Konfliktlösungen.

Großbritannien und die Europäische Gemeinschaft

90er Jahre: Die «Dinge, die beide Freunde betreffen», von denen in *Centurie IV, 32* die Rede ist (siehe S. 113 f.), bezieht Larmor auf den Niedergang des Kommunismus, der sich in den 80er Jahren beschleunigte. Cheetham prognostizierte schon 1980, daß dies zu einem neuen Bündnis zwischen den USA und Rußland führen werde, was sich nun nach dem Scheitern des Kommunismus in der Sowjetunion und Osteuropa zu bewahrheiten beginnt. Diese Formulierung könnte sich aber auch auf die Probleme beziehen, mit denen sich die Mitgliedsstaaten der Europäischen Gemeinschaft bei der Entwicklung der Wirtschafts- und Währungsunion konfrontiert sehen.

In *Centurie VI, 59* wird eine ehebrecherische Frau erwähnt, die ein Komplott gegen «ihren Prinzen» schmiedet. Das klingt verdächtig nach der gestürzten Margaret Thatcher, die eine Verschwörung gegen ihren Nachfolger, den neuen Premierminister John Major, anzettelt. Viele der hinter der Eisernen Lady stehenden Tories hatten nach ihrem Sturz das Gefühl, man habe sie in den Märtyrertod getrieben. Doch diese Prophezeiung könnte sich auch auf britische Abgeordnete im Europaparlament beziehen, die sich von Majors Weigerung, alle wirtschafts- und währungspolitischen Beschlüsse der EG mitzutragen, düpiert fühlen.

In ähnlicher Weise wird in *Centurie VI, 74* davon gesprochen, daß eine Herrscherin, die davongejagt worden ist, wieder an die Macht zurückkehren und ihre Feinde bestrafen wird. Außerdem ist die Rede von einem wichtigen Ereignis, das mit einer Frau im Alter von 73 Jahren in Verbindung gebracht wird.

Ende der 90er Jahre: Auch Prophezeiungen, die vorher schon auf andere Zeiten bezogen wurden, können für die gegenwärtige Entwicklung in den 90er Jahren Aussagekraft haben. *Centurie V, 51* spricht davon, daß die Völker des Balkans, Englands, Polens und der Tschechoslowakei sich zusammentun, um dafür zu sorgen, daß die Straße von Gibraltar offenbleibt, während die Spanier und die Italiener einen heimtückischen Plan aushecken. James Laver[15] sah hierin einen Bezug zu den Allianzen im Zweiten Weltkrieg, aber diese Prophezeiung könnte genausogut auf die letzten Jahre dieses Jahrhunderts angewendet werden. Die wachsende Stärke der Europäischen Gemeinschaft und der Plan, die osteuropäischen Länder zu gegebener Zeit aufzunehmen, könnte insofern als Versuch gedeutet werden, Gibraltar offenzuhalten, als damit angestrebt wird, eines fernen Tages einen europaweiten einheitlichen Wirtschaftsraum zu schaffen. Spanien und Italien werden bei dieser Entwicklung etwas unfair behandelt werden. In *Centurie V, 35* fährt die britische Marine auf, um eine Stadt zu erobern, die einen Stein im Magen hat – möglicherweise ein Hinweis auf den Verlust und die schließliche Rückgewinnung von Gibraltar, auch genannt «der Felsen».

Nach 1999: In *Centurie X, 26* rächt der «Nachfolger» – etwa Prinz Charles? – seine ehrbaren Brüder. Der Vierzeiler legt nahe, daß Prinz Edward oder Andrew, dem Duke of York, irgend etwas zustößt. Weiter heißt es, daß dieser Tod «ein Hindernis» sei und daß sich eine langdauernde Allianz zwischen England und Frankreich herausbilden werde. Zu dieser Zeit ist Prinz Charles schon seiner Mutter auf den Thron gefolgt, doch seine Regentschaft ist «vom Geist der Rache überschattet». Das bedeutet hoffentlich nicht, daß die Königin und zwei ihrer Söhne umgebracht werden, sondern ist «nur» eine Metapher dafür, daß die britische Monarchie in der Europäischen Gemeinschaft abgeschafft wird.

Das Papsttum

80er Jahre: Skandale in heiligen Tempeln, von denen *Centurie VI, 9* berichtet, werden gerühmt und bewundert, aber den daran Beteiligten stehen schlimme Qualen bevor. Damit sind vielleicht die Skandale um die Vatikanbank Ambrosiano und die italienischen Geheimlogen gemeint, in deren Gefolge einige der Mitwirkenden und Mitwisser ziemlich brutal zu Tode kamen.

90er Jahre: Centurie V, 92 handelt davon, daß in den letzten 20 Jahren vor dem Millennium fünf Päpste rasch aufeinanderfolgen. Der letzte Papst, möglicherweise der Nachfolger von Johannes Paul II., wird bei den Römern (oder nur bei den anderen Kardinälen?) nicht sehr beliebt sein. *Centurie V, 46* berichtet, daß die Kardinäle untereinander zerstritten sind und daß Rom von den Albanern angegriffen wird. Diese Prophezeiung könnte auf den Ansturm albanischer Flüchtlinge auf Italien hindeuten oder auf die Wahl eines umstrittenen Papstes aus Albanien. In *Centurie V, 53* geht es um das Wiedererstarken des Christentums und um die Rückkehr zur Herrschaft des göttlichen Gesetzes, nachdem der Messias im Zeitalter der Sonne, also noch im 20. Jahrhundert, wiederkehrt bzw. wiedergeboren wird.

Der Dritte Antichrist

Nostradamus spricht in vielen seiner Centurien von einem «Dritten Antichristen». Zahlreiche Interpreten sind der Auffassung, Napoleon und Hitler seien die ersten beiden Antichristen gewesen, und der dritte werde sich in Rußland gegen Ende der 90er Jahre zeigen. *Centurie V, 96* bezieht sich entweder auf diesen «Dritten Antichristen» oder auf «Die Drei», die vom Antichristen getötet werden. Hier könnte auch wieder ein Hinweis auf die drei Republiken versteckt sein, die sich nach dem Zusammenbruch der Sowjetunion zur Gründung der GUS zusammengetan haben und die in gewisser Hinsicht für die Schaffung von Bedingungen verantwortlich sind, die schließlich den Antichristen hervorbringen.

90er Jahre: In *Centurie V, 54* kommt der Antichrist von jenseits des Schwarzen Meeres und «Großtartarien» (China), und der blutige Stab, mit dem er durch Südrußland zieht, könnte eine Metapher für die Gewaltausbrüche in den südlichen Republiken der Ex-UdSSR sein. In *Centurie VI, 33* findet sich ein Anagramm bzw. eine kryptische Bezeichnung für den Antichristen – ALUS nennt Nostradamus ihn.

Ende der 90er Jahre: In *Centurie VI, 80* wird ein arabisches Reich beschrieben, das nach Europa expandiert, was zu gewaltsamen Auseinandersetzungen führt und «das Christenkreuz» in starke Bedrängnis bringt. Damit könnte die explosive Situation im Nahen Osten gemeint sein oder auch die Verschärfung der Auseinandersetzungen in den islamischen Republiken der ehemaligen UdSSR, die bis nach Europa ausstrahlen. Wegen der politischen Instabilität in Osteuropa und Rußland wird es in Europa in den 90er Jahren auch ein ständig wachsendes Flüchtlingsproblem geben.

Centurie V, 62 berichtet von einem Blutregen, der über die Felsen niedergeht. Die Sonne steht im Osten und Saturn im Westen. Leonie interpretiert dies als die Kontroverse zwischen Christentum und Antichrist, während andere darin einen Krieg zwischen Ost und West erkennen, der in den letzten Jahren dieses Jahrhunderts stattfinden werde. *Centurie VIII, 59* handelt davon, wie die östlichen Mächte, die zweimal vom Westen niedergeworfen worden sind, wieder aufstehen und nach vielen Kämpfen schließlich siegreich sind. Cheetham sieht darin den östlichen Antichristen, der versucht, die Mächte des Westens zu stürzen.

In *Centurie VIII, 77* tötet der Antichrist drei Brüder,

und danach entbrennt ein 27 Jahre dauernder blutiger Krieg. Große Wassermassen und roter Hagel werden die Erde bedecken. Damit könnte ein Krieg gemeint sein, der im ersten Quartal des 21. Jahrhunderts geführt wird.

In der an seinen Sohn gerichteten Vorrede beschreibt Nostradamus detailliert die Ereignisse, die beim Näherrükken des Millenniums stattfinden werden. Danach wird der dritte Antichrist schließlich in Gestalt eines teuflischen Prinzen die Macht erlangen, Unruhen und Kriege anzetteln, Städte brandschatzen und plündern. Sogleich nachdem er an die Macht gekommen ist, wird der Antichrist auch einen «Gegenpapst» auf den Heiligen Stuhl setzen und ein neues Heiliges Römisches Reich ausrufen, das aber nur sieben Monate Bestand haben wird, denn schließlich werden beide getötet und zahlreiche Gefolgsleute ebenfalls beseitigt. Auf Kinder wird Jagd gemacht werden, und der Satan wird alle Arten von Untaten verüben. Die Menschheit wird diesem Treiben für unbestimmte Zeit ausgesetzt sein, bis schließlich Saturn beherrschend wird und das Zeitalter des Goldes anbricht, in dem der Satan gebändigt und zu tausendjähriger Machtlosigkeit verurteilt wird.

Ein früherer Interpret, P. Innocent Rissault, meinte, der Antichrist werde um das Jahr 1980 beginnen, sein Unwesen zu treiben. Nach einem endgültigen Schisma der römisch-katholischen Kirche und der Zerstörung Roms im Jahr 2000 werde der Antichrist als Weltherrscher akzeptiert werden.

2000–2010: In *Centurie V, 96* erscheint «in der Mitte der Welt» eine Rose, womit möglicherweise das Christus-Symbol der Rosenkreuzer und Freimaurer gemeint ist. Mit Hilfe dieser Rose wird Großes vollbracht, dabei jedoch auch Blut vergossen. Dies könnte bedeuten, daß der Erlöser zu spät kommt – ein interessanter, allerdings wenig ermutigender

Hinweis auf die Wiederkehr Christi, die schon bei Erreichen des Millenniums erwartet wurde. Vielleicht soll damit zum Ausdruck gebracht werden, daß an dieser Verspätung der Antichrist schuld ist.

Weitere Ereignisse beim Näherrücken der Zeitenwende

Nostradamus prophezeite eine Entwicklung, die tatsächlich auch einsetzte und sich Ende 1991 zu beschleunigen begann: Die Auflösung der Ostreiche werde zu einer Zunahme von Militanz und schließlich zu einer Aggression gegen Europa führen. Es scheint, als wollte er damit auf die militärische Gewaltanwendung und auf die kriegerischen Auseinandersetzungen hinweisen, die im Nahen Osten und in den früheren kommunistischen Staaten stattfinden oder stattgefunden haben, aber er könnte mit dieser Prophezeiung auch die wirtschaftlichen Schwierigkeiten und den destruktiven Einfluß des Zusammenbruchs der östlichen Länder auf die Wirtschaft Europas gemeint haben.

80er und 90er Jahre: In *Centurie VIII, 28* wird eine Entwertung des Geldes beschrieben, die derartige Ausmaße annimmt («Milch wird mager»), daß alles Papiergeld schließlich ins Feuer geworfen wird. Dies könnte sich auf die spektakulären Zusammenbrüche von Banken in den USA, auf die ab den 80er Jahren in fast allen Industrieländern aufgetretenen Wirtschaftsskandale und auf die allgemeine Rezession ab 1992 beziehen.

1991/92: Nostradamus sagt für diesen Zeitraum unter anderem eine arabisch-slawische Invasion in Europa voraus, die von der Türkei und dem Nahen Osten ihren Ausgang nimmt. In *Centurie IV, 82* spricht er davon, daß Menschenmassen aus Slawonien (= Jugoslawien) kommen werden, weil ihre Städte zerstört sind, daß aber die große Flamme noch nicht aufgelodert ist. Und die serbische Armee hat seit 1991 ja tatsächlich gegen die anderen Republiken im ehemaligen Jugoslawien Krieg geführt, viele Städte beschossen und zerstört. Jugoslawien brach ebenso wie die UdSSR auseinander, aber auf eine viel gewaltsamere Art. Alte historische Animositäten lebten wieder auf, und es kam zu blindwütigen Massakern zwischen Volksgruppen, die jahrzehntelang friedlich nebeneinandergelebt hatten. Aber auch in der Türkei, im nördlichen Irak und in vielen islamischen Republiken der ehemaligen UdSSR gibt es gewaltsame Auseinandersetzungen.

Centurie VI, 96 spricht von einer großen Stadt, die den Soldaten preisgegeben ist, wodurch ein moralisches Problem entsteht. Dies verweist auf die serbische Invasion in Kroatien und Bosnien, in deren Verlauf historische Städte wie Dubrovnik barbarisch verwüstet wurden. Das Erschreckende an diesem Konflikt und den Prophezeiungen darüber ist, daß Jugoslawien so nahe am Zentrum Europas liegt.

1993: In *Centurie II, 91* geht es um den «großen Stern», womit möglicherweise der Halleysche Komet gemeint ist, der sich 1986 gezeigt hat. Sieben Jahre nach dem Erscheinen des Sterns könne, so legt es dieser Vierzeiler nahe, möglicherweise ein dritter Weltkrieg ausbrechen.

Mitte der 90er Jahre: In *Centurie III, 97* wird die Einrichtung eines neuen Staates in der Nachbarschaft von Syrien, Judäa und Palästina beschrieben. Angesichts der Friedensverhandlungen im Nahen Osten könnte sich diese Prophezeiung auf die Gründung eines unabhängigen Palästinenser-Staates in den nächsten Jahren beziehen. Außerdem heißt es in diesem Vierzeiler, das große barbarische Reich werde noch vor dem Ende des Jahrhunderts zusammenbrechen, womit aus heutiger Sicht mehrere fundamentalistisch regierte Länder gemeint sein könnten.

In *Centurie V, 8* spricht Nostradamus von Feuer, geheimnisvollem Sterben und von Städten, die in Schutt und Asche gelegt werden. Das könnte man als einen Hinweis auf neue Kriegswaffen oder auf einen großen Krieg kurz vor der Jahrtausendwende verstehen.

In *Centurie VIII, 41* wird ein Fuchs gewählt, der sich in der Öffentlichkeit als Heiliger dargestellt hat, während er in Wirklichkeit damit beschäftigt war, sein Schäfchen ins trokkene zu bringen. Diese Prophezeiung könnte sich auf nahezu jeden US-amerikanischen Politiker beziehen oder auch auf das US-amerikanische Wahlverfahren schlechthin.

Centurie VI, 97 berichtet davon, daß «der Himmel bei 45 Grad brennt» und daß sich große Brände in der Neuen Stadt ausbreiten, die man immer mit New York City gleichgesetzt hat, das auf dem 41. nördlichen Breitengrad liegt. Hier könnte ein Bezug zu den Löchern in der Ozonschicht vorliegen, die sich über den großen Bevölkerungszentren auftun. In *Centurie IX, 92* will der König in die Neue Stadt einmarschieren, um sie zu unterwerfen, aber er macht schließlich weit von seinem Feind entfernt halt. Ein Gefangener macht falsche Aussagen. Das könnte bedeuten, daß die amerikanischen Präsidentschaftswahlen während eines apokalyptischen Krieges stattfinden und der König (der Präsident) gezwungen ist, sich von New York City fernzuhalten. Da illegale Machenschaften, gegenseitige Beschuldigungen und Lügen seit dem Watergate-Skandal zu einem integralen Bestandteil der amerikanischen Politik geworden sind, könnte man diese Beschreibung auf nahezu jede wichtige Wahl beziehen.

1999: Die «drei Brüder» erscheinen erneut in *Centurie VIII, 56,* in der davon die Rede ist, daß Unruhen in der Bevölkerung zu Gewaltausbrüchen und Blutvergießen führen – was in Zusammenhang mit der Verlagerung der Erdachse im Jahr 1999 betrachtet werden muß. Außerdem wird auch der amerikanische Adler erwähnt, was möglicherweise auf die veränderten russisch-amerikanischen Beziehungen und auf das starke Interesse der USA daran hindeutet, daß in Rußland die Ordnung aufrechterhalten wird. Der Adler könnte aber auch symbolisch für das heraufziehende Wassermann-Zeitalter stehen.

Centurie X, 72 ist eine der berühmtesten Prophezeiungen, denn sie kündigt an, daß im Jahr 1999 nach den ersten sieben Monaten der «Große Schreckensherrscher» in Erscheinung treten wird, aber Nostradamus sagt auch, daß danach eine Zeit des Friedens folgen wird.

2000: Centurie VI, 10 bezieht sich auf die Zeitenwende und operiert mit den Kontrasten zwischen Schwarz und Weiß, Rot und Gelb, was wohl bedeuten soll, daß rassische Gegensätze die Hauptursache für Kämpfe und Blutvergießen sein werden. Weiß und Schwarz verweisen oft auf den Gegensatz und den Widerstreit von Gut und Böse, während mit Rot und Gelb die Russen und die Chinesen gemeint sein könnten, die, nachdem sie ihre Ressourcen aufgebraucht haben, Blut, Seuchen, Feuer und Hunger in die Welt bringen. Dieser Vierzeiler ist vor allem deswegen besonders interessant, weil auch der Seher Edgar Cayce Rassenunterschiede und aufgestauten Haß als die Ursachen für blutige

Auseinandersetzungen in den 90er Jahren und darüber hinaus benannte (siehe S. 144f.). Die Rassenunruhen in Los Angeles 1992 sind nur ein Beispiel dafür, daß solche Ausschreitungen in den USA zunehmen, wenngleich sich bei einigen Leuten der falsche Eindruck gebildet hat, die Verhältnisse würden sich bessern.

In *Centurie VI, 98* verbinden sich verschiedene Bilder: Eine große Stadt wird von der Pest heimgesucht, Sonne und Mond verdunkeln sich, Reichtum wird geplündert, Tempel werden geschändet, und zwei Flüsse färben sich rot. Diese Bilder beschwören die Vision eines apokalyptischen New York herauf, wobei sich schon heute Anzeichen ausmachen lassen, die in diese Richtung weisen. Diese Beschreibung erinnert stark an die Prophezeiungen in der *Offenbarung*, und sie könnte durch die außergewöhnliche Planetenkonstellation Mitte des Jahres 1999 Wirklichkeit werden.

August 2000: Laut *Centurie V, 25* wird ein neues arabisches Reich Persien, Ägypten, die Türkei und die christlichen Flotten angreifen. Die diese Ereignis begleitende Konjunktion von Sonne, Venus und Mars im Zeichen des Löwen datierte der Nostradamus-Interpret Lee McCann auf den August 1987, sie wird aber auch in den ersten Augusttagen des Jahres 2000 auftreten.

2002: Eine Konjunktion zwischen Mars und Jupiter im Zeichen des Krebses wird nach *Centurie VI, 24* einen furchtbaren Krieg auslösen. Kurz darauf wird der «neue König» eine lange Friedenszeit bringen. Diese Prophezeiung deckt sich mit der Erwartung, zur Jahrtausendwende werde Christus zur Erde zurückkehren, und sie wiederholt Nostradamus' auch schon an anderer Stelle getroffene Voraussage, daß nach einem Krieg ein langer Frieden anbrechen werde.

Natur- und Umweltkatastrophen

1991: Die Vierzeiler, in denen von Bränden, heißen Winden und Feuern, die nicht mehr zu löschen sind, die Rede ist, kann man als eine Beschreibung der weltweiten Abnahme der schützenden Ozonschicht in der Atmosphäre deuten. Bekanntlich haben sich über Nordeuropa, Australien und Nordamerika und über den Polen bereits große Löcher in der Ozonschicht aufgetan. Die *Centurien I, 16* und *17* sprechen von Dürreperioden, die 40 Monate bzw. Jahre dauern und denen starke Überschwemmungen folgen, was sich alles auf die Verminderung der Ozonschicht zurückführen läßt. Der erste Vierzeiler handelt von einer Zeit, in der Saturn im Wassermann steht – was von Februar 1991 bis Januar 1994 der Fall ist – und in der ein großer Krieg ausbrechen könnte, während sich das Jahrhundert seinem Ende und seiner Erneuerung zuneigt.

1996: In *Centurie IV, 67* wird eine Konjunktion zwischen Saturn und Mars beschrieben. Das wahrscheinlichste Datum dafür ist der 21. März 1996, wenn diese beiden Planeten im Zeichen der Fische zusammentreffen und auch die Sonne in Konjunktion mit dem Mars steht. Die Luft ist extrem trocken, Feuer breiten sich über große Landstriche aus, es gibt kaum Regen, und die Menschheit leidet unter Dürreperioden, heißen Winden und Kriegen. Schreckliche Hungersnöte und Naturkatastrophen treten infolge einer drastischen Erwärmung auf – auch hier wieder ein deutlicher Hinweis auf die Abnahme der Ozonschicht und die Gefahren, die durch ungefilterte ultraviolette Strahlung entstehen.

Centurie VI, 5 kündigt eine große Hungersnot an, die durch die Pest hervorgerufen wird – eine klassische Plage, die sich auch in den Texten der Bibel findet. Besonders interessant ist hierbei, daß sich dies «100 Wegstunden von der Grenze der Hemisphären» entfernt zutragen wird. Es wird allgemein angenommen, daß die Vergrößerung der Löcher in der Ozonschicht, die vor allem über dem Süd- und dem Nordpol liegen, für Klimaveränderungen verantwortlich ist, was schließlich auch Auswirkungen auf die gesamte Nahrungskette haben wird. Rinder und Schafe in Australien, Neuseeland und Südamerika werden an grauem Star erblinden, weil die schädlichen ultravioletten Strahlen der Sonne nicht mehr von der Ozonschicht zurückgehalten werden. Die aufgrund des Treibhauseffekts steigenden Temperaturen werden die Wetterabläufe durcheinanderbringen und das ökologische Gleichgewicht überall auf der Welt beeinflussen.

In *Centurie IX, 88* wird angekündigt, daß es zu einem großen Erdbeben kommt, wenn die Sonne in einem Winkel von 20 Grad zum Stier steht, und daß dabei das Theater einstürzen wird. Gebete zu Gott und den Heiligen werden kein Gehör mehr finden. Damit könnte ein größeres Erdbeben in Kalifornien gemeint sein, denn hier liegt das Zentrum der Filmindustrie. In Los Angeles und San Francisco hat es in den vergangenen Jahren schon häufig Erdbeben gegeben. Da die Sonne den Stier jedes Jahr um den 10. April herum im 20-Grad-Winkel passiert, läßt sich kein genaueres Datum angeben. Im Frühjahr 1992 brach auch der Ätna in Sizilien wieder aus und bedrohte die Stadt Taormina, in der ein wunderbares griechisches Amphitheater steht.

Centurie IX, 55 spricht von einem furchtbaren Krieg, dem im nächsten Jahr eine große Seuchenepidemie folgt, die Kinder und Tiere befällt. Bei dieser Prophezeiung kommen Blut, Feuer, das Land Frankreich und der Planet Jupiter ins Spiel. Jupiter ist der Planet, der über das Blut regiert, und Frankreich könnte sich als dasjenige Land herausstellen, in dem sich Aids besonders schnell verbreitet. Die visionäre Beschreibung der tödlichen Auswirkungen dieses Virus auf die gesamte Menschheit macht diesen Vierzeiler besonders beklemmend.

Die *Centurien* und die darin versammelten Prophezeiungen sind insgesamt sehr beeindruckend, und es gibt noch viele weitere Vierzeiler, die man bestimmten Ereignissen zuordnen könnte. Es ist leicht zu verstehen, daß sie in den vergangenen 500 Jahren immer wieder mit Erfolg herangezogen wurden, um aktuelle oder zukünftige Ereignisse zu beschreiben, denn mit jedem neuen Lesen dieser Vierzeiler entdeckt man neue Anspielungen auf das, was in der Welt vor kurzem geschehen ist oder gerade im Augenblick geschieht.

7
Medien, Seher und Mystiker

Immer schon hat es Menschen gegeben, die in die Zukunft sahen und Zukünftiges vorausgesagt haben. Die meisten waren überzeugt, damit eine ihnen vom Schicksal auferlegte Aufgabe zu erfüllen. Natürlich haben diese Medien, Seher und Mystiker auch Aussagen über die Zeitenwende gemacht. Wir werden im folgenden die wichtigsten betrachten.

Im Mittelalter gab es besonders viele Propheten und Visionäre, die mit Prophezeiungen über die Zeitenwende aufwarteten. Die berühmtesten waren später heiliggesprochene Männer und Frauen wie Malachias, Hildegard, Birgitta und Vinzenz sowie der Abt Joachim von Fiore (oder Floris), der im 12. Jahrhundert lebte. Sie alle sagten den Untergang der Welt voraus, und diese Prophezeiungen wurden oft dazu verwendet, die Nichtgläubigen und die Wankelmütigen in die Kirche zu treiben.

Häufig wurden auch historischen Personen, die sich nicht mehr dagegen wehren konnten, Prophezeiungen in den Mund gelegt. Zu diesen bekannten Persönlichkeiten, aus deren Schriften und Reden man Vorhersagen herauszufiltern suchte, gehörten der Geschichtsschreiber Beda, der englische König Eduard der Bekenner, Heinrich II. von England, Thomas Becket, Roger Bacon, Geoffrey Chaucer, Ignatius von Loyola, Jakob I. von England, Sir Walter Raleigh und Erzbischof Usher.

Die angeblichen Prophezeiungen des hl. Malachias über die Päpste

Malachias O'Morgair wurde Ende des 11. Jahrhunderts geboren. Man verehrte ihn als einen Heiligen, der Wunder vollbrachte, Kranke heilte, die Fähigkeit der Levitation besaß und Weissagungen machte. Als er 1148, gerade zu Besuch bei dem Kirchenlehrer Bernhard von Clairvaux, starb, soll er 111 kurze, verschlüsselte Sinnsprüche hinterlassen haben, in denen die Päpste von 1143 (Coelestin II.) bis zum «Weltende» charakterisiert werden, das nach dem 111. Papst kommen werde. Die Angaben zur Person der Päpste bis ins 16. Jahrhundert hinein sind sehr genau, doch das hat höchstwahrscheinlich wenig mit Prophetie zu tun; denn die Existenz der Weissagungen des Malachias ist nicht vor 1595 nachweisbar. In dem Jahr wurden sie von dem Benediktinermönch Arnold Wion in der Schrift *Lignum Vitae* veröffentlicht, und es spricht vieles dafür, daß sie auch aus dieser Zeit stammen und dem hochangesehenen, klugen Malachias nur in den Mund gelegt wurden, um glaubwürdig oder gar sakrosankt zu erscheinen. Der wahre Urheber ist unbekannt; sicher ist jedoch, daß sich die Attribute, die er den zukünftigen Päpsten zuschreibt, in vielen Fällen als zutreffend erwiesen haben.

Um nur einige Beispiele aus dem 20. Jahrhundert zu nennen: Papst Johannes XXIII., der zuvor Kardinal und Patriarch von Venedig gewesen war, wird in den Malachias-Weissagungen «Pastor ad Nauta» (Priester der See) genannt, Paul VI., dessen Wappen die bourbonische Lilie zierte, bekam den Beinamen «Flos Florum» (Blume der Blumen). Johannes Paul I., der 1978 nur 33 Tage im Amt war, hieß «De Medietate Lunae» (Mitte des Mondes), und er starb in der Mitte eines Mondmonats, einen Monat, nachdem er gewählt worden war. Der gegenwärtige Papst, Johannes Paul II., ist in der Reihenfolge der Weissagung der 110. Inhaber des Stuhles Petri und wäre demnach der vorletzte. Er ist mit den Worten «De Labore Solis» gekennzeichnet. Angesichts der schwindenden Anziehungskraft der römisch-katholischen Kirche hat man die «Anstrengungen der Sonne» schon mit «Vergebliche Mühe» übersetzt. Nach der Voraussage folgt nach ihm der letzte reguläre Papst, «De Gloriae Oliviae» (Herrlichkeit des Ölbaums), und schließlich Petrus II. Romanus. Dieser wird nicht mehr mit einem Sinnspruch bedacht. Von ihm heißt es:

> Während der letzten Verfolgung der Heiligen Römischen Kirche wird Petrus II. ... die Herde unter vielen Bedrängnissen weiden, nach deren Überwindung die Siebenhügelstadt zerstört werden und der furchtbare Richter sein Volk richten wird.[1]

Folgt man den zeitlichen Festlegungen der dem Malachias zugeschriebenen Voraussagen, so wird das Papsttum ungefähr zur Jahrtausendwende sein Ende finden – eine Zeitangabe, die mit Nostradamus' diesbezüglichen Prophezeiungen übereinstimmt.

Die Prophezeiungen von Mother Shipton

Mother Shipton war eine berühmte Volks-Weissagerin in der Grafschaft Yorkshire, die in einer Höhle lebte. Sie wird zum ersten Mal im Jahr 1641 erwähnt, und ihre Prophezeiungen wurden in der Zeit zwischen 1641 und 1700 mehr als zwanzigmal nachgedruckt. Obwohl sie schon lange nicht mehr lebte, schienen ihre Prophezeiungen von Generation zu Generation immer umfangreicher und präziser zu werden, bis sie schließlich fast jeder kannte. Man sagte ihr nach, sie habe das Große Feuer von London und einschneidende politische Veränderungen in England vorausgesagt.

Einer ihrer Sinnsprüche über das Ende der Welt lautet:

Zu einem Ende kommt die Welt,
sobald sie sechzehn einundachtzig zählt.

Als es soweit war, verbrachten viele Menschen in Nord- und Westengland die Nächte statt in ihren Häusern auf freiem Feld, bekannten ihre Sünden und beteten um Gnade, aber der angekündigte Zeitpunkt kam und ging vorüber, ohne daß etwas passierte. Man kam schließlich zu der Auffassung, daß man den vielfach veränderten Text falsch überliefert haben müsse. Die richtige Version sollte lauten:

Es ist mit der Welt vorbei
im Jahre sechzehn achtzig zwei.

Was sich hier abgespielt hat, ist offensichtlich: Ständig wurden neue Versionen verfaßt, die die ursprüngliche Prophezeiung wieder ein Stück in die Zukunft hinein verlängerten, bis sie schließlich jede Bedeutung und jeden Anspruch, ernstgenommen zu werden, verlor.

William Miller und die Milleristen

William Miller aus Neu-England lebte Mitte des 19. Jahrhunderts. Er war ein tiefreligiöser Mensch und befaßte sich eingehend mit den Schriften der biblischen Propheten, insbesondere mit Daniel. Daniels Prophezeiungen entnahm er, daß Gott sein Geheimnis preisgegeben habe: Die Welt werde im Jahr 1843 untergehen. Diese Entdeckung trieb ihn zu raschem Handeln, zumal deswegen, weil es Zeitgenossen gab, die anderslautende Daten für das Weltende in Umlauf brachten, wie z. B. Harriet Livermore, die das Jahr 1847 genannt hatte, oder Joseph Woolf aus Jerusalem und Captain Saunders aus Liverpool. Miller stellte folgende Berechnungen an[2]:

Berechnung I

Vom Wiederaufbau Jerusalems (457 v. Chr.) bis zur Kreuzigung: 70 Wochen mal 7 Jahre	490 Jahre
Von der Kreuzigung bis zur Ausbreitung des Heidentums	475
Bis zur Entartung des Papsttums	30
Von der Begründung bis zum Ende des Papsttums	1260
Vom Ende des Papsttums bis zum Ende der Welt	45
Insgesamt	2300
Abzüglich 70 Wochen mal 7 Jahre	490
Insgesamt	1810
Zuzüglich der Lebensjahre Christi	33
Das Ende der Zeiten im Jahre	1843

Für Miller war diese Berechnung unumstößlich. Aber für den Fall, daß Skeptiker damit nicht zu überzeugen waren, schob er eine zweite Berechnung in Tagen nach:

Berechnung II

Israel wurde wegen seiner Sünden siebenmal bestraft (3. Mose, 26): 7 Jahre mal 360 Tage	2520 Tage
Abzüglich der Dauer der Babylonischen Gefangenschaft	677
Das Ende der Zeiten im Jahre	1843

Er gab auch das genaue Datum bekannt – die Frühlings-Tagundnachtgleiche, also der 21. März 1843. Schon wenige Monate nach Veröffentlichung seiner Berechnungen entstand eine neue Pfingstbewegung, die Sekte der Milleristen, die rasch großen Zulauf bekam. Es wurden viele spontane Versammlungen abgehalten, und die Schar seiner Anhänger war erfüllt von freudiger Erwartung.

Ein ortsansässiger Geschäftsmann, Joshua V. Hines, rechnete sich in bewährter amerikanischer Unternehmermanier aus, daß mit einer sehr erfolgreichen Bewegung doch ein gutes Geschäft zu machen sein müsse. Er organisierte eine Kampagne, die unter dem Motto stand: «Weltuntergang '43». Er bestärkte die Anhänger in ihrem Glauben, predigte vor Skeptikern und sammelte Geld, um die weitere Verbreitung der Botschaft zu fördern. Dann trat ein Komet am Himmel in Erscheinung, ein Zeichen, das die Anhänger dieser Bewegung natürlich zusätzlich motivierte. Tausende von Menschen verließen Boston und versammelten sich in der Umgebung, viele von ihnen in weißen Himmelfahrtsgewändern. Sie warteten darauf, daß die Sterne vom Himmel fallen würden – doch nichts dergleichen geschah.

Die Berechnungen hatten sich als falsch erwiesen, sie wurden daraufhin korrigiert, und die Voraussage wurde bis zum Ende des Hebräischen Jahres verlängert. Aber als auch dieser Termin verstrichen und an den übrigen als Alternative ins Auge gefaßten Daten ebenfalls nichts passiert war, lösten sich die Milleristen enttäuscht auf. William Miller starb als gebrochener Mann.

Edgar Cayce – der schlafende Prophet

Edgar Cayce wurde 1877 auf einer kleinen Farm im US-Bundesstaat Kentucky geboren und lebte bis 1945. Obwohl er nur eine schlechte Schulbildung hatte, wurde er später wegen seines Expertenwissens berühmt, das er in Trancesitzungen zu einer Vielzahl von Sachgebieten von sich gab.

Schon als Kind spürte Cayce, daß er dazu berufen war, seine hellsichtigen Fähigkeiten zu entwickeln und anzuwenden. Eines Tages, er war sieben Jahre alt, sah er ein blendend helles Licht, und er empfing eine klare Botschaft, in der er gefragt wurde, was er am liebsten mit seinem Leben anfangen wolle. Da er immer schon daran interessiert gewesen war, kranken Kindern zu helfen, nannte er dies als Lebensziel. Daraufhin sagten die Stimmen zu ihm, er solle sich schlafen legen und sie würden ihm in jeder erdenklichen Weise behilflich sein. Viele Jahre später wurde er ein berühmtes Medium, ein «Channel» für psychische Botschaften. Er arbeitete hauptsächlich mit Menschen, die etwas über ihre Krankheit erfahren wollten und nach Wegen der Heilung suchten.

Während er seinen Lebensunterhalt als Fotograf in Virginia Beach verdiente, führte er Gesundheitsberatungen, sogenannte «Readings», mit schätzungsweise 15 000 Leuten durch. Dabei legte er sich gewöhnlich auf eine Couch, lokkerte seine Kleidung, um bequem zu liegen, und wartete dann auf das innere Licht, das ihm signalisierte, daß die Verbindung zu «seinem Kanal» hergestellt war. In der Trance diagnostizierte er dann Krankheiten der verschiedensten Art und empfahl Medikamente zu ihrer Behandlung. Häufig bezeichnete er Krankheitszustände, Behandlungsarten und Medikamente mit Begriffen, die nur Fachärzten geläufig waren. Für seine Patienten war es oft mit großen Anstrengungen verbunden, Medikamente ausfindig zu machen und Rezepte zu verstehen, die Cayce in seinen Trancen detailliert beschrieben hatte. Und weil seine Trancezustände sehr tief waren, konnte er sich danach an nichts mehr erinnern. Eine Erklärung, die er für dieses Phänomen anführte, lautete, daß er auf telepathischem Weg in der Lage sei, die Gehirne von Ärzten und Wissenschaftlern «anzuzapfen» und an deren Wissen teilzuhaben. Diese Erklärung wird allerdings seinen Fähigkeiten nicht ganz gerecht.

Er beschrieb oft besondere Zustände, die er auf Vererbung oder auf Reinkarnationseinflüsse zurückführte. Er war auch in der Lage, Ferndiagnosen zu stellen. Dabei spielte es keine Rolle, wie weit die Patienten von ihm entfernt waren, er mußte nur wissen, wo sie sich befanden, während er in Trance lag. Außerdem nannte er oft Medikamente und Rezepte für Leute, die erst später mit ihm in Kontakt traten.

Im Laufe der Zeit entdeckte er, daß er auch die Gabe der Präkognition besaß. Während seiner medizinischen Arbeit empfing er immer wieder Prophezeiungen über die Zukunft. Nachdem er, in seine Kindheit zurückversetzt, hinter dem Garten seines Elternhauses brennende Wagen hatte vorbeifahren sehen, sagte er den Ausbruch eines Krieges voraus – der Erste Weltkrieg stand unmittelbar bevor.

Seine geschäftlichen Ratschläge waren ebenfalls sehr gefragt und machten viele Menschen reich. Vor seinem Tod sagte er für seinen Wohnort Virginia Beach noch einen Grundstücks-Boom voraus. Die Bevölkerung dieser Stadt wuchs später tatsächlich um das Fünfzigfache. Er sagte voraus, daß dieses verschlafene Nest mit 5000 Einwohnern zu der wichtigen Hafenstadt an der Ostküste werden würde, die es heute ist. Als er in den ersten Monaten des Jahres 1929 Geschäftsleute in bezug auf Investitionen beriet, sagte er in Trance den Börsenkrach an der Wall Street voraus – mehrere Monate bevor dieser tatsächlich eintrat.

Cayce und der Universelle Geist

Von Mitte der 20er Jahre an empfing und übermittelte Cayce prophetische Botschaften über das Schicksal einzelner Menschen sowie der ganzen Welt. Er diktierte in Trance eine große Zahl von Aussagen über eine Vielzahl von Themen, und er war überzeugt, daß er ein Kanal für Informationen war, die aus dem Unbewußtsein der Gruppe, oder wie C. G. Jung es genannt hatte, aus dem «kollektiven Unbewußten» stammten. Cayces Bezeichnung für diese Quelle lautete «Akasha-Chronik» oder «Buch des Lebens». Es sind dies

> die Berichte, die das einzelne Wesen selber auf das Band von Zeit und Raum aufschreibt, und sie werden eröffnet, wenn das Ich – durch Geduld – zum Einklang mit dem Unendlichen gekommen ist. Sie können gelesen werden von jenen, die eingestimmt sind auf dieses Bewußtsein.[3]

Diese Berichte entstammten dem «Universellen Geist», wie Cayce es bezeichnete, und er war der Auffassung, seine Aufgabe sei es, diesen Energien als Kanal und Mittler zu dienen.

1939 sagte er voraus, zwei amerikanische Präsidenten würden während ihrer Amtszeit sterben, und als Hintergrund dafür nannte er Rassen- und Arbeitskämpfe sowie die allgemeine Gewalttätigkeit im Land. Diese Prophezeiung traf indirekt auf den Tod von Franklin Roosevelt (1945) und direkt auf die Ermordung von John F. Kennedy (1963) zu.

Bereits 1937 hatte Cayce vorausgesagt, es werde in vielen Teilen der Erde ein «neues Erwachen» geben. Und 1943 beschrieb er die Heraufkunft eines neuen Zeitalters, eines atomaren, kosmischen oder spirituellen Zeitalters, das mit der Niederlage der sogenannten Achsenmächte beginnen werde, also mit dem Zusammenbruch der faschistischen Regime in Europa 1945. Er betonte jedoch, daß die genaue zeitliche Festlegung allein eine Angelegenheit Gottes sei.

Das Schicksal der Nationen

Edgar Cayce hatte ziemlich radikale Vorstellungen davon, wie sich die Geschichte nach seiner Zeit weiterentwickeln würde, und er war überzeugt, daß im Denken der Menschheit revolutionäre Veränderungen notwendig waren. In vielen Dingen haben sich seine Voraussagen als zutreffend erwiesen. Eine seiner am unwahrscheinlichsten klingenden Voraussagen, die sich aber jetzt zu bewahrheiten scheint, besagte, daß Rußland «wiedergeboren» werden würde. In einer seiner letzten Prophezeiungen sah er das Ende des Kommunismus in Rußland voraus und sprach von der

Hoffnung, daß die geistige Entwicklung der Menschheit aus Rußland neue Impulse erhalten würde. Er schrieb auch:

> Aber Freiheit, Freiheit! Daß jeder Mensch für seinen Nächsten leben wird! Das Prinzip ist da. Es wird Jahre brauchen, bis es sich herauszukristallieren vermag, aber dennoch wird aus Rußland die Hoffnung der Welt kommen.[4]

Was in den 30er Jahren großes Erstaunen auslöste, war die Ankündigung, daß das neue Rußland sich mit den USA verbünden werde und von dort Anleitung und Unterstützung für seinen Weg in die Zukunft erhalten werde:

> Wodurch wird Rußland geleitet werden? Durch Freundschaft mit der Nation, die sogar auf ihre Geldscheine druckt ›In God We Trust‹.[5]

Wenngleich sich das, was man als die spirituelle Wiedergeburt Rußlands bezeichnen könnte, gegenwärtig noch im Anfangsstadium befindet, so könnte sich diese Prophezeiung dennoch in einer sehr eindrucksvollen Weise erfüllen.

Während Cayce China als den auslösenden Faktor für die neue Allianz zwischen den USA und Rußland sah, verkannte er doch auch nicht die dramatischen Veränderungen, die sich in China selbst vollziehen würden. Das chinesische Volk würde sich immer mehr zum Christentum und zur Demokratie hinwenden. Diese Entwicklung würde allerdings Zeit brauchen, sie würde sich wie ein Strom durch das Land wälzen, das allerdings mit sich selber alleingelassen werden möchte. Doch eines Tages würde auch China erwachen und eine Heimstatt des Christentums werden so wie zuvor schon Rußland.

Er listete detailliert die «Sünden» oder «Fehler» vieler Länder auf, die das Voranschreiten zur Gleichberechtigung und zur spirituellen Weiterentwicklung behinderten. Der Fehler Amerikas bestehe darin, daß es sich bei seinem Handeln nicht an die von ihm selbst formulierte Maxime halte, die da lautet: «Auf Gott vertrauen wir.» Englands Fehler sei es, daß es in der Vorstellung lebe, besser als andere Völker zu sein, anstatt zu versuchen, in das hineinzuwachsen, was ihm zustehe. Der Fehler von Frankreich liege darin, daß es dazu neige, die Sinnenlust zu fördern und zu belohnen. Italien habe sich dadurch versündigt, daß es seit der Zeit des Römischen Reiches das Christentum mißbraucht habe. Der Fehler von Indien bestehe darin, daß es eine Wiege des Wissens sei, dieses jedoch nicht anwende. Chinas Fehler sei es, daß es sich zu sehr abkapsele, in der Welt alleingelassen werden wolle. Cayce sagte, es würden Ereignisse kommen, die diesen Ländern die nötigen Lehren erteilen würden.

Er prophezeite eine Reihe von dramatischen sozialen Veränderungen in den USA, die sich gegen Ende des Jahrhunderts vollziehen würden – genauere Daten konnte er allerdings nicht nennen. So werde es zu inneren Unruhen und zu einer Erhebung der Armen und Hungernden gegen die Reichen kommen, und es werde «am Ende» mehr Gerechtigkeit geben und mehr Brüderlichkeit zwischen den Menschen, insbesondere im Verhältnis der Rassen zueinander. Er prophezeite aber auch, es werde eine «böse Macht» entstehen, die das Land beherrschen und ihre Ansprüche durchsetzen werde, dadurch aber auch die wirtschaftlichen und rassischen Gegensätze verschärfen werde. Eine derartige Entwicklung, die zu blutigen Auseinandersetzungen führen würde, hielt er für unvermeidlich, bevor es zu einer Besserung kommt. Während der Amtszeit der Präsidenten Reagan und Bush wurden denn auch die Anliegen der Menschen, vor allem der sozial Benachteiligten, der Armen und Obdachlosen unter dem Deckmantel der Gleichbehandlung so sehr vernachlässigt, daß eine explosive Lage entstanden ist, und in den 90er Jahren werden die sozialen Spannungen in den USA wahrscheinlich noch weiter zunehmen. Einen Vorgeschmack auf die bevorstehenden gesellschaftlichen Erschütterungen boten die Unruhen in Los Angeles im April 1992, die durch ein Gerichtsurteil ausgelöst wurden, von dem jeder wußte, daß es rassistisch und ungerecht war.

Kataklysmen vor der Jahrtausendwende

Cayce prophezeite eine Reihe von kataklysmischen Ereignissen, von großen Flut- und anderen Katastrophen, die sich in den letzten 60 Jahren vor dem Jahr 2000, insbesondere aber im Zeitraum zwischen 1958 und 1998 ereignen würden. In einem Reading aus dem Jahr 1934 beschrieb er diese Veränderungen so:

- Im westlichen Teil von Nordamerika wird die Erde aufbrechen.
- Japan wird zum größeren Teil im Meer versinken.
- Der obere Teil von Europa wird im Handumdrehen verändert werden.
- Vor der Ostküste von Amerika wird Land aufsteigen.
- In Grönland wird offenes Wasser erscheinen.
- Umwälzungen in der Arktis und der Antarktis werden zu Vulkanausbrüchen in heißen Gegenden führen.
- Zwischen Feuerland und der Antarktis wird neues Land auftauchen.
- Die Pole werden sich verlagern – trockenes oder subtropi-

sches Gebiet wird tropisch werden, und Moose und Farne werden gedeihen.[6]

Cayce sagte Zerstörungen großen Ausmaßes in Los Angeles, San Francisco und New York voraus, wobei er andeutete, daß dies in den letzten zehn Jahren des von ihm genannten Zeitraumes von 40 Jahren geschehen werde – also zwischen 1988 und 1998. 1990 gab es südlich von San Francisco ein schweres Erdbeben, dem 1991 in den Oakland-Bergen verheerende Brände folgten, durch die Tausende von Wohnhäusern zerstört wurden. Die Verwüstung von Manhattan soll, so Cayce, *nach* den Katastrophen in Kalifornien beginnen.

Zu den Naturkatastrophen in den Vereinigten Staaten, die er für das Ende der 90er Jahre voraussagte, gehören auch riesige Überschwemmungen im Mittleren Westen, wie etwa in den Bundesstaaten Mississippi, Missouri und Louisiana, woraufhin die Großen Seen in den Golf von Mexiko abfließen werden. Große Teile der Nordostküste, z. B. in Connecticut und New York, werden stark zerstört werden. New York City wird verschwinden, ebenso Teile von South Carolina und Georgia.

Viele der Flutkatastrophen, die Cayce voraussagte, könnten durch die Veränderungen der Erdkruste verursacht werden, der heißen Schicht unterhalb ihrer Oberfläche, auf der die Kontinente und Landmassen treiben. Cayce sah eine Absenkung dieser Kruste um neun oder mehr Meter voraus, was zur Folge hätte, daß große Landesteile von Wasser überspült werden würden. Diese Entwicklung, ausgelöst durch die Abnahme der Ozonschicht und die globale Erwärmung, vollzieht sich bereits in unserer Gegenwart. Beide Faktoren bewirken ein Abschmelzen der Polkappen in der Arktis und Antarktis, wodurch der Wasserstand der

Weltmeere steigt. Wieder einmal könnte Cayce Recht behalten, wenn er auch die genaue Ursache der Überflutungen nicht nannte.

Im westlichen Pazifik wird die Vulkantätigkeit zunehmen; Cayce sprach von einem «Ring aus Feuer», der Japan, China, Südostasien, Australien und Südamerika umschließen werde. In seinen Visionen versank Japan im Meer, und das gesamte Gebiet veränderte sein topographisches Gesicht. Man weiß heute, daß Japan tatsächlich langsam absinkt.

Cayce prophezeite, Europa werde so verändert werden, daß man es nicht mehr wiedererkenne. Beide Polregionen würden aufbrechen, die Pole ihre Lage verändern. Vor der Ostküste der USA würde Land aufsteigen, und gemäßigte Klimazonen, wie Nordeuropa oder Großbritannien, würden sich in subtropische verwandeln. Alle diese erschrekkenden Voraussagen stehen bei Cayce im Zusammenhang mit dem Kippen der Erdachse und mit dem Übergang in ein neues Weltzeitalter. Er war davon überzeugt, daß der Beginn einer neuen Zeit durch gewaltige geologische Veränderungen angekündigt werden würde.

Besondere Aufmerksamkeit schenkte Cayce dem Ätna auf Sizilien, dessen Ausbrüche die Verlagerung der Erdachse in den Jahren nach 1958 ankündigen würden. Sowjetische Wissenschaftler stellten später fest, daß es im Gebiet des Ätna nach seinem letzten größeren Ausbruch 1960 zu Bodenerhebungen von mehr als siebeneinhalb Metern gekommen war. Der Ätna blieb auch in der folgenden Zeit aktiv, aber erst 1991 kam es wieder zu einer starken Eruption, bei der die Ortschaft Fornazzo am Fuße des Ätna von den Lavamassen überzogen und Tausende von Menschen in die Flucht geschlagen wurden. Anfang 1992 brach er erneut aus und überschüttete eine Ortschaft mit glühender Lava.

In seinen Readings beschrieb Cayce nicht nur die Ausbrüche des Vesuv und des Ätna in Italien sowie des Mont Pelé auf der Insel Martinique. Er sprach von einer allgemeinen Zunahme der vulkanischen Aktivität auf der Erde. Cayce sagte, drei Monate nach einem Ausbruch dieser Vulkane werde es auch an der Südküste von Kalifornien, in der Gegend zwischen Salt Lake City und dem südlichen Nevada sowie in der südlichen Hemisphäre zu verstärkter Aktivität der Erde kommen. Und genau diese Voraussage ist im Frühjahr 1992 eingetroffen, als es in Südkalifornien mehrere Erdbeben gab, die auf der Richter-Skala die Stufe sechs erreichten. Die Eruptionen des Vulkans Pinatubo auf den Philippinen 1991 hatten Auswirkungen auf den gesamten Planeten, denn sie trugen zur weiteren Ausdünnung der Ozonschicht bei. Man nimmt heute an, daß das Ökosystem des Planeten Erde nachhaltig geschädigt werden wird, wenn noch stärkere Vulkane wie der Taal auf den Philippinen ausbrechen, was Cayce ebenfalls vorausgesagt hat.

Er behauptete auch, um 1968/69 werde in der Karibik neues Land erscheinen. Geologen stellten um diese Zeit fest, daß sich auf dem Meeresboden in dieser Region tatsächlich starke Verwerfungen und geologische Veränderungen ergeben haben, wenngleich nicht in dem Sinn, daß neues Land entstanden ist, wie Cayce es vorhergesagt hat. Er war überzeugt, daß der östliche Küstenstreifen der USA vom Meer überflutet werden würde und daß vom Boden des Ozeans neues Land emporsteigen würde, das am Ende auch bewohnbar sein würde. Er sagte ferner, seine Heimat Virginia Beach liege in einem der wenigen sicheren Gebiete, ebenso Teile von Ohio, Illinois, Indiana und Kanada.

Cayce und andere Seher haben für die Jahre zwischen 1980 und 1990 nur kleinere Erdveränderungen, für die Zeit zwischen 1990 und 2000 jedoch große Umbrüche in der

Gestalt der Erde sowie weltweite Naturkatastrophen vorausgesagt. Es scheint fast, als seien die 80er Jahre eine Aufwärm- und Vorbereitungsphase für die schweren Zerstörungen gewesen, die in der letzten Dekade vor der Jahrtausendwende auf uns zukommen sollen.

Cayce und die Bibel

Cayce wurde sehr stark von der Bibel beeinflußt, insbesondere vom Buch *Daniel* und von der *Offenbarung*, und seine Prophezeiungen waren oft in einer Sprache gehalten, die an biblische Propheten erinnerte:

> Diese Veränderungen auf der Erde werden geschehen, denn die Zeit und eine und eine halbe Zeit sind zu Ende, und es beginnen die Perioden der Neugründungen. Denn wie hat Er gesagt? Die Gerechten, die Demütigen, werden die Erde erben. Habt ihr, meine Brüder, ein Erbe auf der Erde?[7]

Cayce wies immer wieder auf das zweite Kommen des Erlösers und auf den Tag des Jüngsten Gerichts hin und ermahnte die Menschen, die vom Glauben abgefallen sind, sich zu besinnen. Er sprach davon, daß «der Tag des Herrn nahe» sei, was in Diktion und Inhalt sehr den Aussagen der biblischen Propheten ähnelt. Er erwartete das Kommen «des Einen», hoffte darauf, daß «Sein Tag auf Erden anbrechen» möge. Er war der Überzeugung, daß die Naturkatastrophen, die sich zwischen 1958 und 1998 ereignen würden, ein Vorbote der Wiederkunft Christi sein würden.

> Diese Veränderungen werden in der Zeit zwischen 1958 und 1998 beginnen, da diese als Periode verkündet wird, wo Sein Licht in den Wolken zu sehen ist.[8]

Als er gefragt wurde, wann Christus wiederkehren werde, antwortete er:

> Wenn jene, die Sein sind, den Weg für Ihn bereitet haben. Glaubt nicht, daß es keine Unruhe geben wird.[9]

Nach den großen Umwälzungen der Zeitenwende werde es die Aufgabe der Menschheit sein, das Neue Jerusalem zu errichten. Cayce galt dies als ein machtvolles Symbol der Erneuerung und der Wiedergeburt.

> Wenn die Menschen nur noch dem Ziel der Verherrlichung Gottes und dessen Verwirklichung in ihrem Dasein leben – ist das dann nicht ein neuer Himmel, eine neue Erde? Die Wünsche, Bestrebungen, Ziele der Menschen werden physikalische Veränderungen herbeiführen. Und in der seelischen Erfahrung jedes Menschen wird ein neues Verständnis wachsen... In jenen, denen dies zuteil wird, wird das Neue Jerusalem erstehen. Es ist nicht nur ein Ort, sondern eine Erfahrung der auf Gott zu lebenden Seele.[10]

Für ihn hatte das Neue Zeitalter bereits zu seinen Lebzeiten begonnen, war das Neue Jerusalem schon gegenwärtig.

Die Inkarnationen des Edgar Cayce

Cayces Glaube an die Reinkarnation bildete gewissermaßen das positive Gegenstück zu seinen im allgemeinen recht düsteren Prophezeiungen. Er wußte, daß er wieder auf die Erde zurückkehren würde, und seine Anhänger drängten ihn ständig, Aussagen darüber zu machen, wer er in seinem nächsten Leben sein werde und wo und wann dieses stattfinden werde. So erinnerte er sich an eine frühere Inkarnation im Jahr 1742, in der er ein Haudegen aus Cornwall war, der in der britischen Armee Dienst tat und später am amerikanischen Unabhängigkeitskrieg teilnahm.

In jenem Leben war er schon ganz nahe an den Ort herangekommen, an dem er zwei Jahrhunderte später dann als Edgar Cayce leben sollte. Er hatte einer Gruppe von Siedlern bei Fort Dearborn, nahe dem heutigen Chicago, das Leben gerettet, und Cayce glaubte, daß viele der Leute, denen er damals begegnet war, gleichzeitig mit ihm reinkarniert worden waren und daß die Probleme, die sie in ihrem damaligen Leben gehabt hatten, sie auch heute wieder umtrieben. Die Vorstellung von einem Gruppen-Karma – daß also ganze Gruppen von Menschen immer wieder gemeinsam inkarniert werden – gehörte zu Cayces Grundüberzeugungen.

Cayce hatte auch einen Traum, in dem er der ägyptische Priester Ra-Ta war. Einmal sprach er davon, er würde am liebsten im Jahr 1998 als «Befreier der Welt» wiederkehren.[11] Er verfiel in seinen Trancezuständen häufig in Fremdsprachen, sowohl bekannte als auch unbekannte, während er im Wachzustand außer Englisch keine weitere Sprache beherrschte. Dies kann möglicherweise als ein Indiz für Inkarnationen in verschiedenen Kulturen gelten.

Einmal, nachdem er verhaftet und beschuldigt worden

war, sich unbefugt als Mediziner zu betätigen, hatte er einen Traum, in dem er im Jahr 2100 in Nebraska wiedergeboren wurde. Zu dieser Zeit bedeckte das Meer schon den ganzen westlichen Teil der USA, und die Stadt, in der er lebte, lag an der Küste. Als er sich als die Reinkarnation von Edgar Cayce ausgab, der vor 200 Jahren gelebt hatte, wurde er von einer Gruppe langbärtiger und kahlköpfiger Wissenschaftler einer Befragung unterzogen. Zusammen mit diesen Wissenschaftlern reiste er in einem zigarrenähnlichen Luftschiff aus Metall zu den Orten, an denen er früher gelebt hatte. Aus der Luft sah er die neue und ihm unvertraute Topographie des östlichen Teils der USA. Teile von Alabama waren von Wasser bedeckt, während Norfolk in Virginia ein großer Seehafen war. New York City, das durch ein Erdbeben zerstört worden war, wurde gerade wieder aufgebaut. Die meisten Häuser bestanden aus Glas.

Viele von Cayces Anhängern waren nicht sehr angetan von der Aussicht auf eine Kette von Katastrophen und Zerstörungen, die in den kommenden Jahrhunderten nicht mehr abreißen würde, aber Cayce selbst war im Hinblick auf die Zukunft ausgesprochen optimisisch, und er lebte in der Vorstellung, daß Gottes Einfluß auf die Menschheit bis dahin immer weiter wachsen werde. Das gibt uns zumindest die Hoffnung, daß auch zu dieser Zeit noch eine Welt existieren wird.

C. G. Jung als Visionär

Im Jahr 1916 hatte der angehende Schweizer Tiefenpsychologe Carl Gustav Jung eine Vision, die so eigenartig und beeindruckend war, daß er sie, gleichsam einem Zwang folgend, niederschrieb.[12] Er veröffentlichte sie später unter dem Titel *Septem Sermones ad Mortuos* als Privatdruck in sehr kleiner Auflage und nur für Freunde und Mitarbeiter bestimmt. Jung erforschte die Geheimnisse des Geistes und des Unbewußten, und er interessierte sich auch stark für das Gedankengut der Gnostik, der diese Vision zuzurechnen ist. Er war zwar vom Christentum geprägt, aber ihn faszinierten alle Erscheinungsformen der Spiritualität, und er beschäftigte sich auch mit vergleichender Religionswissenschaft, mit Mystizismus, Astrologie und Alchemie.

Sein Ziel war es, die psychologischen Dimensionen spiritueller Phänomene zu erforschen, aber er erkannte auch, daß man sie erst dann vollkommen begreifen konnte, wenn man sie selbst erfahren hatte. In der Gnostik sah er eine archaische Quelle der Erfahrung, die Zugang zur Welt der Schatten gewährte. Als Seelenarzt, der sich für diese Welt interessierte, hatte er auch eine Vorstellung davon, wie die Erwartung der Endzeit, der Zeitenwende, den Geist der Menschen in früheren Zeiten umgetrieben hatte.

In Jungs Visionen trafen die Mächte des Himmels und der Hölle aufeinander. Es sind außerordentlich dramatische und mystifizierende Bilder, die nicht recht zum Image eines Wissenschaftlers passen, und darin liegt wahrscheinlich auch der Grund, warum er die Vision so lange geheimhielt. Die *Sermones* kreisen um Themen wie Schöpfung, Gott und Teufel, Sexualität, Mann und Frau, Kirche und Seele.

Die Sprache der *Sieben Reden an die Toten* ähnelt stark derjenigen in den altrömischen gnostischen Texten, die Jung studiert hatte. Er identifizierte sich in diesem Text mit dem Gnostiker Basilides, der im 2. Jahrhundert n. Chr. lebte, und im Untertitel der Schrift heißt es denn auch: «Geschrieben von Basilides in Alexandrien, der Stadt, wo der Osten den Westen berührt.» Folgender Auszug aus *Sermo VII* liest sich wie eine biblische Prophezeiung:

In unermeßlicher entfernung steht ein einziger stern im zenith.
Dies ist der eine gott dieses einen, dies ist seine welt, sein pleroma, seine göttlichkeit.
In dieser welt ist der mensch der Abraxas, der seine welt gebiert oder verschlingt.
Dieser stern ist der Gott und das ziel des menschen.
Dies ist sein einer führender Gott.
In ihm geht der mensch zur ruhe,
zu ihm geht die lange reise der seele nach dem tode,
in ihm erglänzt als licht alles, was der mensch aus der größeren welt zurückzieht.
Zu diesem einen bete der mensch.
Das gebet mehrt das licht des sternes,
es schlägt eine brücke über den Tod,
es bereitet das leben der kleineren welt
und mindert das hoffnungslose wünschen der größeren welt.
Wenn die größere welt kalt wird, leuchtet der stern.
Nichts ist zwischen dem menschen und seinem einen Gotte,
sofern der mensch seine augen vom flammenden schauspiel des Abraxas abwenden kann.
Mensch hier, Gott dort.
Schwachheit und nichtigkeit hier, ewige schöpferkraft dort.
Hier ganz dunkelheit und feuchte kühle. Dort ganz Sonne.

Darauf schwiegen die toten und stiegen empor wie rauch über dem feuer des hirten, der des nachts seiner herde wartete.

Jung erfuhr in dieser Vision, daß die ursprüngliche Einheit der Gegensätze, symbolisiert durch Abraxas, den Teil unseres Unbewußten, der noch nicht ins Bewußtsein aufgestiegen ist, mit Macht danach drängt, die Begrenzungen der materiellen Welt zu durchbrechen. Anders gesagt, das Materielle muß zuerst sterben, bevor der Geist sich höherentwickeln kann.

Diese Verse sollen zum Ausdruck bringen, daß wir unsere Einstellung gegenüber der physischen, äußeren Welt abstreifen müssen, wenn wir lernen wollen, uns die innere Welt zu erschließen und uns der inneren Führung anzuvertrauen. Für Jung war dies die Vorbereitung auf die Vereinigung mit Gott oder, anders ausgedrückt, auf die «Ganzheitlichkeit». Damit könnte man vielleicht auch erklären, warum zu allen Zeiten und in allen Religionen ein Bedürfnis nach Endzeit-Prophezeiungen vorhanden war. Wir müssen über unser physisches, materielles Sein hinauswachsen, wenn wir Kontakt zu unserem höheren geistigen Selbst finden wollen. Und Ganzheitlichkeit in uns selbst ist eine Grundvoraussetzung für Ganzheitlichkeit in unserer Welt.

Große und kleine Untergangspropheten

1886 veröffentlichte Charles T. Russell, der Begründer der religiösen Gemeinschaft «Zeugen Jehovas», sein Werk *The Divine Plan of the Ages*, das im Laufe der Zeit eine Auflage von sechs Millionen erreichte und in mehrere Sprachen übersetzt wurde. In diesem Buch behauptete er, Gott treibe uns unablässig dem Ende der Zeiten entgegen. Den Untergang vor Augen, müßten wir uns dessen bewußt werden, daß Gott mit der Erschaffung der Welt und mit der Ordnung, die er ihr gab, einen höheren Plan verfolgt habe.

Russell war der Meinung, Gottes Absicht sei es gewesen, möglichst vielen Menschen das Licht der Erkenntnis zu bringen. Die apokalyptischen Vorstellungen Russells und anderer christlicher Untergangspropheten werden von den «Zeugen Jehovas» bis heute verkündet.

Die «Boten» Mark und Elisabeth Clare Prophet behaupteten, mit Jesus Christus und der Jungfrau Maria, mit Buddha, Konfuzius, dem Grafen von St. Germain, den Meistern des Himalaya und anderen erhöhten Meistern sowie allen Mitgliedern der Großen Weißen Loge in Verbindung zu stehen. Elisabeth Clare Prophet sagte auf der Grundlage der Kosmischen Uhr (einer von Vertretern des New Age entwickelten astrologischen Technik zur Berechnung von karmischen und Initiationszyklen) voraus, daß die Welt im Jahr 1990 in einem großen Kataklysmus vernichtet werden würde. Sie befahl ihren in die Tausende gehenden Anhängern, ihr Hab und Gut zu verkaufen und sich auf einem riesigen Ranchgelände in den Bergen von Montana zu versammeln. Daß der angekündigte Weltuntergang ausblieb, bedarf eigentlich nicht der Erwähnung.

Trotz solcher «Enttäuschungen» häufen sich zum Ende des 20. Jahrhunderts hin die Verheißungen oder Drohungen von Untergangspropheten in aller Welt. Meist sind es megalomane Sektengründer, die sich als neue Messiasse, buddhistische oder hinduistische Weise oder gar Gottheiten ausgeben. Ob sie in Indien oder Ostasien, Nord- oder Südamerika auftreten – sie finden ihre Anhänger sowohl unter Analphabeten wie unter Gebildeten, in der Landbevölkerung wie in Großstädten und machen sie unter psychischem, militantem und sexuellem Druck, dessen unfehlbare Wirkung Außenstehenden kaum begreiflich ist, zu Hörigen und Abhängigen, die zum Massenselbstmord bereit sind, wenn der Anführer sich durch die «Kräfte des Bösen», das

das heißt durch die weltliche Macht von Law and Order, in die Enge getrieben sieht. Die wahre Ursache ihrer selbstzerstörerischen und mörderischen Panik ist indessen nicht das Einschreiten der staatlichen Ordnungskräfte, sondern die Unfähigkeit, das eigene prophetische Scheitern und den Verlust der absoluten, geistigen und körperlichen Macht über seine «Jünger» hinzunehmen.

Die Kombination von echter – oder nur behaupteter – Prophetie, Machtstreben und Gewaltanwendung ist in der Menschheitsgeschichte nicht selten anzutreffen, aber man kann sie darum noch lange nicht als typisch bezeichnen. Die Mehrheit der großen und kleinen Propheten waren friedfertige Menschen und haben Gewaltlosigkeit verkündet. Ihre größte Sorge und ihre schlimmsten Prophezeiungen betrafen verheerende Weltkriege und eine durch infernalische Waffen vom Menschen selbst herbeigeführte Endzeit. Er löst durch sie Naturkatastrophen aus und wird schließlich selbst deren Opfer. Diese «Rache der Natur» muß er sich als «Strafgericht Gottes» vorstellen. So sah es 1818 die italienische Visionärin Anna Maria Taigi, die 1920 seliggesprochen wurde: «Es wird über die ganze Erde eine dichte Finsternis kommen, die drei Tage und drei Nächte dauern und mit Verpestung der Luft verbunden sein wird... Wer während dieser Finsternis aus Neugierde das Fenster öffnet oder aus dem Haus geht, wird auf der Stelle tot umfallen.»[14]

Es mag nicht verwundern, daß von der Zeit des Dreißigjährigen Krieges an besonders viele Seher aus dem deutschsprachigen Raum den «letzten großen Krieg» vorausgesagt haben. Sie haben ihn nicht auf die Wende zum nächsten Jahrtausend datiert, aber in auffälliger Übereinstimmung davon gesprochen, daß dieser Krieg mit Vergiftung, Stauborkanen, Verfinsterung, einer Seuche als «Bänkeabräumer» (Matthias Pregl, genannt Mühlhiasl, gestorben 1825) einhergehen und eine «kosmische Katastrophe» (Jakob Lorber, 1800–1864) auslösen wird. Der bayerische Brunnenbauer Alois Irlmeier (1894–1959) prophezeite in seinem Todesjahr den «großen Staubtod. Alle offenen Wasser werden giftig und alle offenen Speisen ... Über Nacht sterben mehr Menschen als in den zwei Weltkriegen.»

Doch auch darüber sind sich die meisten deutschen «Kleinpropheten» einig: «Wer's überlebt, muß einen eisernen Kopf haben. Nachher, wenn die Welt abgeräumt ist, kommt eine schöne Zeit ..., und die Leute glauben wieder.»[15]

8
Esoterische Prophezeiungen

Rudolf Steiners Philosophie als Zukunftslehre

Rudolf Steiner (1861–1925), ursprünglich Theosoph, schuf als Autor ein breitangelegtes Werk, das sich mit okkulten Bewußtseinszuständen, mit Heilen, Architektur, Eschatologie, Goethe-Forschung, organischer Landwirtschaft, Erziehung und vielen anderen Gebieten beschäftigte und unter der Bezeichnung «Anthroposophie» bekannt wurde. Später entwickelte sich daraus eine weltweite Bewegung.

Steiner war überzeugt, daß die Prophezeiung eine der höchsten Formen der Erkenntnis darstellt und von wesentlicher Bedeutung für die spirituelle Entwicklung der Menschheit ist. In seinem Buch *Die Philosophie der Freiheit* formulierte Steiner geistige Gesetzmäßigkeiten, setzte sie mit naturwissenschaftlichen Gesetzen in Vergleich und beschrieb dann auf dieser Grundlage die Struktur der Psyche. Ähnlich wie Edgar Cayce glaubte er an die Existenz der «Akasha-Chronik», in der die Vergangenheit der gesamten Menschheit in ihren vielfältigsten Erscheinungsformen gespeichert ist und zu der man durch Meditation und geistige Übungen Zugang finden kann.

Steiner war der Ansicht, die Entwicklung der Menschheit vollziehe sich nach bestimmten geistigen Gesetzen und nach

Gesetzmäßigkeiten der Evolution, und wenn der Mensch eines Tages einen höheren Bewußtseinszustand erreicht haben werde und diese Gesetze begreifen könne, dann werde es auch möglich sein, die künftige Entwicklung durch Prophezeiungen vorauszusagen. Die Fähigkeit zur Prophezeiung war für ihn ein wesentlicher Bestandteil eines transzendentalen Bewußtseins. Einem «Wissenschaftler des Geistes» sei es möglich, große Weltereignisse und das Schicksal der Menschheit vorauszusehen, ohne allerdings die Wahlfreiheit der Menschen zu beschneiden, die in der Zukunft leben würden.

Steiner unterschied zwischen der Voraussage mit Hilfe naturwissenschaftlicher Methoden und der Voraussage durch geistige Wahrnehmung. Die Naturwissenschaften verlassen sich ausschließlich auf den Intellekt, auf Urteile, Folgerungen, Kombinationen und Rückschlüsse, während die spirituelle Prophetie auf einem Erkennen und Wahrnehmen auf höherer geistiger Ebene beruht.[1] Diese besondere Sensibilität ermöglicht es dem Seher, Zugang zu höheren Welten zu finden und die Entwicklungsrichtung des menschlichen Bewußtseins zu beeinflussen.

Nach Steiners Auffassung befinden wir uns gegenwärtig im vierten Grundstadium der menschlichen Entwicklung, das durch das «objektive Bewußtsein» gekennzeichnet ist. Bevor die Menschheit dieses Entwicklungsstadium erreichte, machte sie drei verschiedene Zyklen durch, die jeweils vom Saturn, von der Sonne und vom Mond beherrscht wurden. Nun hat sie gerade den Übergang vollzogen von einer Bewußtseinsstufe, die durch Bilder, Töne und Farben der Seele bestimmt war, zu einer Stufe, die sich auf Einwirkungen von außen konzentriert.

Die Menschheit wird, so Steiner, allmählich reif für höhere Stufen des Bewußtseins, die auf der nächsten Ebene, nach der Transformation unserer Erdenexistenz, wirksam werden. In der Zukunft wird die Fähigkeit des Hellsehens in einer physischen, wissenschaftlich greifbaren Art und Weise in Erscheinung treten, als ein Grundbestandteil des Bewußtseins, nicht mehr nur in der traumähnlich verschwommenen Art, die für das Mond-Bewußtsein typisch war. Wenn die Erde das nächste Stadium erreicht hat, das vom Jupiter regiert wird, dann werden wir mit Wesenheiten in Verbindung treten können, die jetzt noch jenseits unserer Wahrnehmungsschwelle liegen und um die es in den «Geheimwissenschaften» geht. In diesem Entwicklungsstadium wird es keine Geburt und keinen Tod mehr geben, sondern nur noch die Einheit allen Lebens im All.

Vor einer solchen großen Transformation muß die Menschheit noch drei kleinere Zyklen durchlaufen, die der Vervollkommnung des Bewußtseins dienen. Dabei werden wir den Geistern der Persönlichkeit (den Grundanfängen), den Söhnen des Feuers (den Erzengeln) und den Söhnen des Zwielichts (den Engeln) ausgesetzt werden. Außerdem werden wir mit den Seraphim, den Cherubim und den Thronen in Verbindung treten, den wahren Schöpfern der Menschheit, die sich uns zu erkennen geben werden.

Wenn wir in das Sechste Nach-Atlantische Zeitalter eintreten, werden die äußeren Merkmale, wie z. B. die Rassenzugehörigkeit, an Bedeutung verlieren, statt dessen wird die Individualität der Menschen eine größere Rolle spielen. Die bisherigen Religionen werden durch eine «Geistige Wissenschaft» ersetzt werden, die überall auf der Welt anerkannt werden wird, egal um welches Volk oder welche Rasse es sich handelt. Wir werden unsere «Gruppenseele» ablegen und beginnen, den individuellen Kontakt mit unserem geistigen Führer herzustellen.

Verkündigungen von jenseits des Himalaya

Es ist selbst unter «Eingeweihten» umstritten, ob Kut Humi, Djwhal Khul und Morya, die drei meistgenannten spirituellen Meister der schreibenden Damen von der Theosophischen Gesellschaft, wirklich gelebt und von wo sie sich tatsächlich gemeldet haben, ob aus Tibet oder aus einer jenseitigen Sphäre, doch haben diese Wesen zweifellos zu verschiedenen Zeiten auf sehr unterschiedliche Weise Menschen zur Niederschrift von Visionen mit Millenniumsaspekten inspiriert. Die Ukrainerin Helena Petrowna Blavatsky (1831–1891) bezeichnete diese drei Meister als «Überbringer» ihrer Hauptwerke *Die entschleierte Isis* und *Die Geheimlehre*, auf denen die Lehren der von ihr mitbegründeten Theosophischen Gesellschaft beruhen. Die Engländerin Mabel Collins (1851–1927), die Verfasserin von *Licht auf den Pfad*, nannte als Ort der «Meister vom Himalaya» die eigene Seele und berief sich andererseits auf einen Hilarion, der in Ägypten und Kreta gelebt und angeblich dem Apostel Johannes die *Offenbarung* eingegeben hatte.[2] Gräfin Helena Roerich erhielt Botschaften von Morya, und ihre 15 Bücher, die sie zwischen 1924 und 1937 schrieb, gelten als Grundschriften der Agni-Yoga-Gesellschaft.

Die bescheidene, zurückgezogen lebende und introvertierte Alice A. Bailey aus Manchester (1880–1949) hatte ihren ersten Kontakt mit dem «Tibeter», mit Djwhal Khul, einem – in der Realität unauffindbaren – Lama in Shigatse (Tibet), im November 1919. Diese geistige Verbindung, gegen die sie sich anfangs sträubte, beherrschte ihr gesamtes weiteres Leben bis zu ihrem Tod im Dezember 1949. In den 30 Jahren, die dazwischenlagen, schrieb sie 19 Bücher mit insgesamt fast 10 000 Seiten, in denen sie sich mit einer Vielzahl esoterischer Themen wie Heilen, Astrologie, Psychologie und mit der Lehre von den Sieben Strahlen befaßte. Alle diese Bücher wurden ihr von dem «Tibeter» diktiert. Anfänglich war die Kommunikation mit ihm noch mühsam, doch durch Konzentration und ständige Übung konnte sie seine Durchgaben bald völlig unverzerrt verstehen, und sie erlangte auch die Fähigkeit, sich von einer Minute zur anderen in telepathischen Kontakt mit ihm zu setzen. Sie legte Wert auf die Feststellung, daß ihre Bücher und die Vorstellungen, die darin entwickelt wurden, das Werk des «Tibeters» seien, nicht ihr eigenes. Bevor sie begann, als Channel für seine Lehren zu wirken, hatte sie eine langjährige mediale Verbindung mit ihrem persönlichen Lehrer Kut Humi, dem «Meister, der sehr nahe bei Christus ist». Diese Verbindung begann schon, als sie noch ein junges Mädchen war, im November 1895. Zu dieser Zeit hatte sie die Jungfrau von Orléans sehr verehrt, und es gibt auch tatsächlich große Ähnlichkeiten und Parallelen zwischen den beiden jungen Mädchen. Laut Djwhal Khul war es ihre Aufgabe, das Wissen von jenseits des Himalaya weiterzutragen und damit dem Beispiel von Madame Blavatsky zu folgen.

Alle diese Frauen waren als Channels für die Verbreitung der Geheimlehre ausersehen, die seit Tausenden von Jahren in den Bergen des Himalaya existierte und von Zeit zu Zeit in Bruchstücken der übrigen Welt bekanntgemacht wurde. Dieses Wissen wurde von dem großen Universalgelehrten Gottfried Wilhelm Leibniz die «Ewige Philosophie» genannt, und auch Aldous Huxley veröffentlichte ein Buch mit diesem Titel. Der Kerngedanke dieser Philosophie besteht darin, daß allen Dingen der Welt, jedem Leben und jeder Idee, eine göttliche, transzendente Realität zugrunde liegt, die nur von jenen erkannt werden kann, die bestimmte Voraussetzungen erfüllen – sie müssen insbesondere von Liebe erfüllt und reinen Herzens sein, so wie Parzival, der Ritter des Heiligen Grals.

Die ursprüngliche Wahrheit ist allen zugänglich, wird jedoch nur von wenigen wirklich erkannt. Wer einmal zur Erkenntnis gelangt ist, wird immer im Besitz der Wahrheit sein. Um diese ewige Wahrheit geht es in allen großen Weltreligionen und philosophischen Denksystemen. Das Ziel ist immer dasselbe, auch wenn es in verschiedenen Sprachen und vor unterschiedlichem kulturellen Hintergrund beschrieben wird. Manchmal, unter bestimmten einzigartigen Bedingungen, zeigt sich ein Strahl dieser Göttlichkeit, und dem Bewußtsein geht ein Licht auf.

Aldous Huxley meinte, daß Philosophen oder Literaten, die über dieses Thema schrieben, dabei in der Regel nur aus zweiter Hand berichten und nicht auf eigene Erfahrung zurückgreifen könnten.[3] Aber es gab zu jeder Zeit auch Männer und Frauen, welche die Voraussetzungen erfüllten und diese *verborgene* Wirklichkeit intuitiv erkannten und verstanden. Wir mögen diese oft für eine *alternative* Wirklichkeit halten, doch ist sie vielmehr die eigentliche Wirklichkeit, die hinter den Erscheinungen liegt. Jene, die Zugang zu ihr haben, bezeichnen wir als Propheten, als Seher, Weise oder Erleuchtete – sie gelten als Menschen, die einen «direkten Draht» zu den Göttern oder zu dem einen Gott haben.

Die Sieben Strahlen der Evolution

Dem Gedankengebäude der «Geheimlehre» und des «Tibeters» liegt die Vorstellung zugrunde, daß es im Universum sieben Phasen der Evolution gegeben habe, die den sieben miteinander verbundenen Energiefeldern, den Sieben Strahlen, entsprechen, die sich vom grobstofflichen bis in den feinstofflichen, spirituellen Bereich erstrecken. Diese sieben Felder repräsentieren auf der äußeren Ebene die sieben Planeten des Sonnensystems und auf der inneren Ebene die sieben Chakras oder Energiefelder des menschlichen Körpers. Alle diese Seinsebenen in uns und zwischen uns sind durch Schwingungen miteinander verbunden. Jeder Planet repräsentiert mit seinen Energien eine bestimmte Phase des Lebens. Das Mischungsverhältnis dieser sieben Phasen und das Ausmaß ihrer Integration und wechselseitigen Durchdringung bestimmt die Qualität unseres Lebens.

Die Hindus bezeichnen einen vollständigen Zyklus, in dem alle sieben Energien in Erscheinung getreten sind, als Manvantara. Wir befinden uns demnach gegenwärtig im Vierten Manvantara. Jedes Manvantara besteht aus sieben Yugas, und wir leben jetzt im Kali-Yuga, der Eisenzeit oder dem Zeitalter des Schmerzes. Die Zeiträume, die von dieser Vorstellung abgedeckt werden, sind nachgerade astronomisch, denn jedes Manvantara dauert mehrere Millionen Jahre.

Durch sein Werkzeug Alice A. Bailey hat der «Tibeter» ausführliche und präzise Angaben darüber gemacht, an welchem Punkt dieses Zeitplanes wir uns gerade befinden, wann wir aus dem vorhergehenden Stadium herausgetreten sind und wann wir das nächste Stadium erreichen werden. Das Modell zur Beschreibung dieser Zeitabläufe macht einen etwas komplizierten Eindruck. So würde z. B. ein US-Amerikaner im Jahr 1982 repräsentiert werden durch die Bezeichnungen Sonnensystem II, Erdkette II, Globus IV, Runde IV, Wurzelströmung V, Unterrasse VI (Amerikaner).[4]

Alice A. Bailey steht mit ihren Vorstellungen in der Tradition der biblischen Propheten, und ihre Bücher werden von vielen Menschen überall auf der Welt hochgeschätzt. Aus diesen Werken ist die esoterische Wissenschaft von den Sieben Strahlen entstanden, auf deren Grundlage sich mehrere Organisationen entwickelt haben, wie etwa die Arkanschule, der Lucis-Trust, das Seven-Ray-Institut oder die Neue Gruppe der Weltdiener. Die Psychosynthesis, eine Richtung der Psychotherapie, die von dem Italiener Roberto Assagioli entwickelt wurde, beruht ebenfalls auf dem Konzept der Sieben Strahlen von Alice A. Bailey.

Die Prophezeiungen des «Tibeters»

Zu den Botschaften des «Tibeters» gehören Prophezeiungen, die sich auf Ereignisse beziehen, die inzwischen schon stattgefunden haben, wie auch auf Entwicklungen, die sich erst in Jahrmillionen vollziehen werden. Festzustellen, daß es sich um sehr weitreichende Prophezeiungen handelt, wäre daher noch eine Untertreibung.

Insbesondere für den Zeitraum zwischen 1919 und 1982 waren die Prophezeiungen sehr umfassend, denn der Tibeter behauptete, in dieser Periode werde sich ein Neues Zeitalter abzuzeichnen beginnen. Seine Voraussagen erwiesen sich vor allem im Hinblick auf die Entdeckung und Nutzung der Atomenergie, auf Fortschritte in der Medizin und auf die allgemeine Entwicklung der Menschheit sehr präzise. Einige der Prophezeiungen für die kommende Zeit sind mit konkreten Daten versehen, die meisten allerdings nicht. Wir werden uns deshalb hier auf die Voraussagen beschränken, die für die bevorstehende Jahrtausendwende relevant sind. Was den Eintritt in das Wassermann-Zeitalter betrifft, so weichen diese Prophezeiungen im Hinblick auf den Beginn der Übergangsperiode von anderen Voraussagen etwas ab. Schon 1931 sprach Djwhal Khul davon, daß die Menschheit nun in das Zeichen des Wassermanns eintrete, aber auch das Jahr 1999 markierte er als Übergang zwischen dem Fische- und dem Wassermann-Zeichen.

1945 trat der «Tibeter» mit der *Großen Invokation* hervor, in der die Macht des Lichts, der Liebe und des göttlichen Plans angerufen wurde, ungeachtet herkömmlicher religiöser Bindungen, und Alice A. Bailey schrieb 1946: «Der Tag dämmert bereits herauf, an dem man alle Religionen als Emanationen aus der einen geistigen Quelle ansehen wird.» Die Unterschiede zwischen den verschiedenen Weltreligionen würden dann zurücktreten hinter ihre gemeinsamen Wurzeln.

Deshalb sei hier die dritte Stanze aus der *Großen Invokation* zitiert, die für viele Menschen große Bedeutung hat:

Die Große Invokation

Aus dem Quell des Lichtes im Denken Gottes
ströme Licht herab ins Menschendenken.
Es werde Licht auf Erden!

Aus dem Quell der Liebe im Herzen Gottes
ströme Liebe aus in alle Menschenherzen.
Möge Christus wiederkommen auf Erden!

Aus dem Zentrum, das den Willen Gottes kennt,
lenke plan-beseelte Kraft die kleinen Menschenwillen
zu dem Endziel, dem die Meister wissend dienen!

Durch das Zentrum, das wir Menschheit nennen,
entfalte sich der Plan der Liebe und des Lichts
und siegle zu die Tür zum Übel!

Mögen Licht und Liebe und Kraft
den Plan auf Erden herstellen![5]

Michal Eastcott wies in ihrem Buch *The Spiritual Hierarchy of the World* darauf hin, daß in der *Großen Invokation* schon das konfessionsübergreifende Gebet vorweggenommen wurde, das für die Neue Weltreligion charakteristisch sein werde, die in Rußland ihre Geburt erleben und unabhängig von jedem Regime und jeder Ideologie sein werde.[6]

Esoterische Prophezeiungen für das Wassermann-Zeitalter

> Die Gruppe wird sich so verhalten, wie Wassermann es anzeigt; Merkur wird die Gruppe auf den Weg nach oben bringen, und der Stier wird Erleuchtung und die Erfüllung der Vision bringen; das Zeichen des Erlösers wird, wenn die Gruppe sich noch im Zeichen der Fische müht, über der Aura der Gruppe zu sehen sein.
>
> James Stephenson, *Prophecy on Trial*[7]

Laut Djwhal Khul wird das bevorstehende Wassermann-Zeitalter die faszinierendste Epoche der menschlichen Geschichte sein. Dieses Zeitalter wird neue Energien freisetzen. Es wird auf dem Austausch zwischen den Gruppen, auf Solidarität und Gruppenbewußtsein aufgebaut sein, während im ausgehenden Fischezeitalter das inviduelle Bewußtsein und die persönliche Entfaltung im Mittelpunkt standen.

Der Astralkörper der Menschheit wird aufgrund der feinen Energien, die Wassermann abgibt, heller strahlen, und es wird eine neue Brüderlichkeit entstehen, die rassische und nationale Unterschiede überwindet. Im Verlauf dieser Entwicklung soll eine Einheit alles Lebendigen und eine vollkommene Brüderlichkeit sich herausbilden, die tausend Jahre Bestand haben wird. Gegenwärtig hat, so der «Tibeter», die Energie des Wassermanns noch eher negative Auswirkungen auf die Mehrheit der Menschen, während sie die Pioniere der spirituellen Evolution schon motiviert und beflügelt. Die Grundlage, auf der die materialistisch eingestellten Menschen stehen, wird erschüttert werden und auseinanderbrechen, und neue Horizonte, neue Ziele werden sich für die Menschheit auftun.

> Der Rest dieses Jahrhunderts ... muß dazu genutzt werden, um den Schrein des menschlichen Lebens wieder zu errichten, um die Lebensform der Menschheit neu zu erbauen, um die neue Zivilisation auf der Grundlage der alten zu begründen, wobei das Denken der Welt, die Politik der Welt und die Verteilung der Ressourcen der Welt in Einklang mit dem göttlichen Plan gebracht werden müssen. Dann und nur dann wird es möglich sein, mit der Offenbarung fortzufahren.[8]

Logos, der Gott des Planeten, ist sich wohl der Tatsache bewußt, daß die drei planetarischen Hauptzentren, Shamballa (das Zentrum, das den göttlichen Willen kennt), die Hierarchie (das Zentrum, wo die Liebe Gottes herrscht) und die Menschheit, zum ersten Mal direkt und ungehindert miteinander in Kontakt treten – entsprechend dieser besonderen Situation in der Geschichte des Planeten. Am Ende dieser Entwicklung wird die Erde, so verkündete Alice A. Bailey im Auftrag des «Tibeters», schließlich ein «heiliger»

Planet werden. Dieser Entwicklungsprozeß wird eine tiefgreifende spirituelle Wirkung auf jedes Königreich in der Natur und im Bereich des Übernatürlichen ausüben.[9]

Nach den Aussagen des «Tibeters» ist die zentrale Rolle, die Rußland in diesem Übergang spielen wird, bis jetzt kaum sichtbar. Seine eigentliche Bestimmung wird sich erst weit in der Zukunft durchsetzen; gegenwärtig neigt es noch mehr dem Osten zu als dem Westen. Das «lärmende, ungezogene Kind» wird sich in einen Erwachsenen verwandeln, der sich selbst unter Kontrolle haben wird. Es gibt im Horoskop Rußlands tatsächlich starke Einflüsse, die diese Deutung stützen.

Der Übergang ins Wassermann-Zeitalter

Die folgenden Prophezeiungen beziehen sich auf die letzte Dekade des 20. Jahrhunderts und auf die ersten drei Jahrzehnte des 21. Jahrhunderts, die eigentliche Übergangsphase in das Wassermann-Zeitalter.

1975–2000: Der «Tibeter» kündigte an, die «Loge jenseits des Himalaya» werde im letzten Viertel des 20. Jahrhunderts durch Agenten, die er «psycho-wissenschaftliche Egos» nannte, aktiv werden. Nach dem Tod von Alice A. Bailey hatte ihr Ehemann, Foster Bailey, schon die Überzeugung geäußert, daß sie «ihre nächste Inkarnation vorbereitet, die schon sehr bald stattfinden wird»[10]. Gegen Ende der 90er Jahre soll der große chinesische Weise Konfuzius reinkarnieren, um «das Werk» zu überwachen; und den Hauptimpuls werden alle diese Aktivitäten aus der Entwicklung in Rußland erhalten.

Die Entwicklung der Gesellschaft wird vor allem durch

«Saatgruppen» vorangetrieben werden, die aus Jüngern des Neuen Zeitalters bestehen und daran arbeiten, das Werk der Geistigen Hierarchie in Erscheinung treten zu lassen.

1945–2245: Das letzte Stadium der 300jährigen Mission des zurückkehrenden Christus hat im Jahr 1945 begonnen und wird sich bis ins nächste Jahrtausend erstrecken. In diesem Stadium ist es besonders wichtig, der *Großen Invokation* Aufmerksamkeit zu schenken und sie zu rezitieren. Christus wird nicht als perfekter Sohn Gottes auftreten, sondern er wird als Oberhaupt der Geistigen Hierarchie erscheinen und seine Aufmerksamkeit auf die Probleme der Menschheit richten und dafür sorgen, daß die Sehnsucht der Menschen nach Wahrheit, aufrichtigen zwischenmenschlichen Beziehungen und gegenseitigem Verständnis erfüllt wird. Er wird Zeugnis ablegen davon, daß er *tatsächlich* wiederauferstanden und daß die Seele unsterblich ist – nicht mehr der Tod, sondern das Leben wird von nun an im Vordergrund stehen.

1990–2050: In der letzten Dekade des 20. Jahrhunderts wird die Lehre von Shambala verkündet werden. Den Jüngern überall auf der Erde werden die Atlantik-Charta und die Vier Freiheiten, in denen der Wille der Geistigen Hierarchie zum Ausdruck kommt, bekanntgemacht werden. Zwei Kinder, das eine aus den USA, das andere aus Indien, werden neue wissenschaftliche Theorien entwickeln, durch deren Umsetzung höhere Bereiche des Lichtwellenspektrums nutzbar gemacht werden können, wodurch es auch möglich werden wird, allein durch die Kraft des menschlichen Auges Bewegungen auszulösen. Erstmals steht die Möglichkeit direkten Kontakts mit der geistigen Welt bevor.

1999: Während der Übergangsperiode zwischen dem Fische- und dem Wassermann-Zeitalter wird das Zeichen Waage immer mehr an Einfluß gewinnen. Bis zum Jahr 1999 werden sich die Kräfte des Bösen und des Materialismus wieder konsolidieren, was diejenigen in Bedrängnis bringen wird, die mit der Durchführung des «Planes» befaßt sind. Der Egoismus der Individuen wird abgelöst werden durch Gruppenegoismus, und die zahlenmäßig geringen Kräfte des Guten werden sich um so härter einsetzen müssen.

2000–2025: Nachdem im zweiten Teil der 90er Jahre die degenerierten menschlichen Institutionen zusammengebrochen sind, wird es in der Phase des Übergangs in das neue Jahrhundert vor allem darum gehen, die Formen des menschlichen Zusammenlebens neu zu organisieren, neue Denkstrukturen aufzubauen, die Ressourcen der Welt neu zu verteilen und die politischen Institutionen zu reformieren. Dies wird schließlich im Jahr 2025 zur Gründung einer Weltföderation der Nationen führen. (Das läßt an eine weiterentwickelte Organisation der Weltgemeinschaft denken, die über die UNO und die Europäische Gemeinschaft hinausgeht.) Anfang des nächsten Jahrhunderts wird dann ein Eingeweihter erscheinen, der die Lehren der Hierarchie weiter verbreiten wird.[11]

2000–2100: Christus wird wiederauferstehen, die Menschheit zum Berg der Auffahrt führen, und das Pfingsterlebnis wird Wirklichkeit werden. Die erste Phase des Wassermann-Zeitalters wird unter dem Einfluß der Energie des Saturn stehen, der vom Dritten Strahl beherrscht wird. Das ist der Planet des Prüfens, der günstigen Gelegenheit und des Ausdrucks, und seine Aktivität ist maßgeblich.

Die Menschheit wird in diesen aufregenden Übergangsjahren von der Botschaft der Sieben Strahlen erreicht werden, und das Werk der Hierarchie wird «nach Plan» fortgesetzt werden. Dies ist, kurz zusammengefaßt, die esoterische Botschaft von Alice A. Bailey bzw. des «Tibeters» im Hinblick auf die Jahrtausendwende.

9
Planetenkonstellationen, Erdbeben und andere Katastrophen

Das Szenario für den «schlimmstmöglichen Fall»

Eine Dokumentation, die 1980 im japanischen Fernsehen ausgestrahlt und von vielen Millionen Zuschauern gesehen wurde, überraschte mit der Nachricht, daß zwei anerkannte Autoritäten unabhängig voneinander zu der Auffassung gekommen seien, die Menschheit werde im Jahr 1999 ausgelöscht werden.

Die Schreckensmeldung war dadurch zustande gekommen, daß Wissenschaftler die Prophezeiungen von Nostradamus in Beziehung gesetzt hatten zu astrologischen Projektionen über das Große Kreuz, das am 18. August 1999 im Sonnensystem auftreten wird. Professor Hideo Itakawa, ein Pionier der japanischen Raketentechnologie, hatte durch Computerberechnungen herausgefunden, daß an diesem Tag die Sonne und die Planeten in der Form eines Kreuzes zueinander stehen würden, und dieses Phänomen würde mit der Vernichtung des menschlichen Lebens auf der Erde zusammenfallen. Nach der Auswertung des Materials, das ein Team aus Zukunftsforschern gesammelt hatte, sagte er schwere Umweltkatastrophen und -zerstörungen voraus, die durch Konflikte um Energie und Nahrungsmittel ausgelöst werden würden. In einem Buch, in dem er ein Szenario für den schlimmstmöglichen Fall entwickelte, schrieb er, er sei, schon lange, bevor er von Nostradamus' Prophezeiungen erfahren habe, ein begeisterter Amateurastrologe gewesen und habe mehrere wissenschaftliche Schriften über astrologische Phänomene verfaßt.

Die Uranus/Neptun-Konjunktion 1993

Voraussagen zu machen, ist das Geschäft der Astrologen, und viele von ihnen haben vorausgesagt, was in den letzten Jahren vor der Jahrtausendwende alles passieren wird. Einige haben auch die Bedeutung dieser außergewöhnlichen Planetenkonstellation im Jahr 1999 beschrieben. Das erste größere astrologische Ereignis in dieser wichtigen Phase ist die Uranus/Neptun-Konjunktion im Jahr 1993. Das ist eines der seltenen Zusammentreffen dieser beiden mächtigen Planeten; es findet nur alle 171 Jahre statt.

Der Astrologe Jim Lewis aus San Francisco, der eine bahnbrechende Technik namens AstroCartoGraphy zur Darstellung von Planetenpositionen entwickelt hat, behauptete, daß die totale Sonnenfinsternis vom 11. Juli 1991 eine exakte Konjunktion der äußeren Planeten Uranus und Neptun ankündigte, die im Jahr 1993 insgesamt dreimal zu beobachten sei.[1] Diese Eklipse stand im Winkel von 19 Grad im Krebs und damit genau entgegengesetzt jener Position, die eine Uranus/Neptun-Konjunktion im Steinbock schon häufiger eingenommen hat. Lewis betrachtete die Sonnenfinsternis als eine Vorbereitung dieser Konjunktion, die zu den drei seltensten Konjunktionen der äußeren Planeten gehört. Nach einhelliger Meinung der Astrologen sind die Auswirkungen dieser Konjunktion schon zwei oder drei

Jahre vor ihrer exakten Ausprägung spürbar. Die genauen Daten für das Zusammentreffen dieser beiden Planeten waren der 2. Februar, der 19. August und der 25. Oktober 1993. Diese Konjunktion wurde in den vergangenen Jahrzehnten an Wichtigkeit nur von der Uranus/Pluto-Konjunktion übertroffen, die im Jahr 1965 stattfand und in der Folgezeit große gesellschaftliche Bewußtseinsveränderungen auslöste.

Uranus und Neptun waren die ersten «äußeren» Planeten, die entdeckt wurden – Uranus 1781, in der Zeit zwischen der Amerikanischen und der Französischen Revolution, und Neptun 1846, etwa um die Zeit, als Karl Marx sein *Kommunistisches Manifest* schrieb. Während die Planeten zwischen der Sonne und dem Saturn als «persönliche» Planeten gelten, werden den äußeren Planeten, die den Wechsel zwischen den Generationen und die längeren Zeitperspektiven regieren, «kollektive» Einflüsse zugeschrieben.

Der Planet Uranus wird mit intuitiven Gedankenprozessen, mit Zusammenbruch und durchgreifenden Veränderungen, insbesondere bei Gruppen und Völkern, in Verbindung gebracht, und wenn er dominierenden Einfluß erlangt, werden extremes Verhalten, unberechenbare Handlungen und Gewalt begünstigt. Uranus entspricht der Elektrizität, denn er wurde ungefähr zur gleichen Zeit wie sie entdeckt, und der Technologie im allgemeinen, besonders aber ihren heutigen Anwendungsformen wie Computern und Biotechnologie, die sowohl für unsere Gegenwart als auch für unsere Zukunft von enormer Bedeutung sind. Uranus steht auch für die Kräfte der Demokratie, für Gedankenfreiheit und rassische Gleichberechtigung. Die positiven Eigenschaften des Uranus sind Wandel, Wahrnehmungsfähigkeit und Individualismus, die negativen Unruhe, Unberechenbarkeit, Unordnung, Konflikt und Gewalt.

Neptun repräsentiert sehr divergente Eigenschaften. Er

wird im allgemeinen mit dem Gefühl und mit psychischen Prozessen, mit Phantasie und Idealismus, mit östlichen Weisheitslehren und Sozialismus sowie mit neuem Denken und Verständnis in Verbindung gebracht. Neptun regiert Alkohol und Drogen und ihre Nutzung bzw. ihren Mißbrauch, unabhängig davon, ob sie zu pharmazeutischen Zwecken, zur Entspannung oder zur Schädigung des Körpers eingesetzt werden. Darüber hinaus beeinflußt er die Freisetzung von Gasen und das Auftreten von Verschmutzung und Krankheit. Negative Eigenschaften des Neptun sind Auflösung, Lüge und Falschinformation, Desorganisation, Korruption, Fanatismus und irregeleitete Spiritualität.

Die möglichen Auswirkungen dieser Uranus/Neptun-Konjunktion sind außerordentlich komplex. Sie reichen von neuen, inspirierenden Erfahrungen der Menschheit bis hin zu Chaos, Verwirrung und zum Zusammenbruch von Systemen. Es sind sowohl revolutionäre wissenschaftliche und technische Entdeckungen möglich als auch der Kontakt mit Außerirdischen und der Untergang von Staaten bzw. Völkern. Uranus und Neptun stellen zusammen folgende Polaritäten her: Denken/Fühlen, West/Ost, Demokratie/Sozialismus, Wissenschaft/Religion und Analytische Psychologie/Transpersonale Psychotherapie.

E. Alan Meece nannte die Uranus/Neptun-Konjunktion den «Zyklus des kulturellen Wandels», und er glaubt, wie die meisten Astrologen, daß sie in vielerlei Hinsicht eine nachhaltige Wirkung auf die gesamte Menschheit haben wird.[2]

Der Einfluß dieser Planetenkonjunktion wird sich vor allem in der Weltpolitik zeigen. Es wird sich eine neue internationale Ordnung herausbilden, denn die Bedingungen, aus denen in der Vergangenheit die Konflikte der Ideologien und Religionen und die Kriege zwischen den Staaten entstanden sind, werden sich auflösen. Wir haben bereits den Zusammenbruch des Kommunismus und seiner weltpolitischen Ordnungsfunktion erlebt, was sich am deutlichsten im Niederreißen des Eisernen Vorhangs, insbesondere der Berliner Mauer, und im Zerfall der Sowjetunion ausgedrückt hat. Die Uranus/Neptun-Konjunktion wirkt darauf hin, die kontrastierenden, wenn nicht sogar entgegengesetzten Ideologien der Demokratie (Uranus) und des Sozialismus (Neptun) zu integrieren und zu versöhnen. Mark Lerner vertritt die Ansicht, daß die USA auf der Erde das Uranus-Element, die linke Gehirnhälfte und den Intellekt darstellen, während Rußland das Neptun-Element, die rechte Gehirnhälfte und die Psyche repräsentiert, und er glaubt, daß diese Konjunktion zu einer Vereinigung, einer Integration der beiden Hälften des Erdgehirns führen wird. Das Jahr 1993 könnte daher «außerordentlich günstig für den geistigen Fortschritt des Planeten Erde, der Gruppen und der Menschen sein.»[3]

Während sich die Einflüsse anderer äußerer Planeten wie Pluto meist in Form von Kriegen oder gewaltsamen Veränderungen zeigen, sind die von Uranus und Neptun ausgelösten Veränderungen subtiler, aber auch nachhaltiger, und sie wirken auf das Bewußtsein ganzer Völker und Kulturen ein. Wir sind bereits Zeugen, wie sich die Einstellungen zu religiösen und zu rassischen Fragen und die nationalen Identitäten ständig weiterentwickeln und verändern. Althergebrachte Verhaltensweisen werden aufgegeben und regionale und nationale Unterschiede im Laufe der Zeit ausgeglichen. Religionen verlieren einerseits ihre Anziehungskraft oder sie verhärten sich andererseits zu fundamentalistischen Glaubenssystemen. Viele Regierungsformen bewegen sich in Richtung einer sozialistischen oder sozialen (Neptun) Demokratie (Uranus), und jene, die diesen Angleichungsprozeß nicht mitmachen, sind auf der internationalen Bühne nicht mehr gern gesehen. Auch die Vereinigten Staaten von Amerika kommen nicht daran vorbei, ihr heruntergekommenes Sozialsystem zu reformieren und mehr Gleichheit herbeizuführen. Eine neue Weltordnung ist im Entstehen begriffen, und wir können bereits ihre ersten Anzeichen erkennen.

Aufgrund der revolutionierenden Qualität des Uranus, die durch die Einwirkung des Neptun modifiziert wird, werden die bevorstehenden Veränderungen auch einen grundlegenden Wandel des Bewußtseins im Hinblick auf Fragen von Sexualität und Ehe und der nationalen und kulturellen Identität mit sich bringen. Die Vorboten dieser Entwicklung können wir in der ehemaligen Sowjetunion beobachten. Durch die politische Macht der Kommunistischen Partei wurden in diesem riesigen Land Hunderte von kleinen, ethnisch unterschiedlichen Kulturen und Völkerschaften zusammengehalten, die sich sonst blutig bekämpft hätten, wie sie es zuvor jahrhundertelang getan hatten und wahrscheinlich auch in der Zukunft wieder tun werden. Alle Mitglieder der neuen Gemeinschaft Unabhängiger Staaten (GUS) suchen ihre Identität neu zu definieren und ihren tiefempfundenen kulturellen und religiösen Wertvorstellungen wieder Geltung zu verschaffen, die 80 Jahre oder länger gewaltsam unterdrückt wurden. In einigen Fällen hat dies eine integrierende Wirkung, in anderen aber, wie z. B. in Armenien und Aserbeidschan, tritt das Gegenteil ein, und alte Wunden werden wieder aufgerissen.

Aus diesen Gründen steht die Uranus/Neptun-Konjunktion sowohl für die Auflösung von großen Staatsgebilden und Königreichen, aber auch für deren Neubegründung. Nach dem Zusammenbruch der UdSSR wurde darüber diskutiert, ob die russische Zarenfamilie wieder zurückkehren solle. Die Romanows würden wahrscheinlich von einem Teil der Bevölkerung mit offenen Armen empfangen werden. Andere einst vertriebene royalistische Machthaber, wie Prinz Sihanouk von Kambodscha, sind nach Jahrzehnten im Exil wieder in ihre Heimat zurückgekehrt, und Mitglieder der ehemaligen Herrscherfamilien in den jüngst unabhängig gewordenen Staaten in Ost- und Südosteuropa streben nach ihrer Wiederanerkennung und Wiedereinsetzung. Wenngleich dies nicht sehr wahrscheinlich ist, so ist es doch eine Möglichkeit, die bedacht werden muß.

Die Uranus/Neptun-Konjunktion war auch im Jahr 794 bestimmend, als Karl der Große sich anschickte, das Weströmische Reich neu zu begründen. Wir werden vielleicht ebenfalls eine Rückkehr alter Ordnungen und eine Wiederbelebung untergegangen geglaubter internationaler Organisationen erleben.

Auch der Bedeutungszuwachs der Vereinten Nationen und der Europäischen Gemeinschaft ist in diesem Zusammenhang als eine Auswirkung der Uranus/Neptun-Konjunktion zu betrachten, denn beide Organisationen repräsentieren eine Form internationaler Zusammenarbeit, die über traditionelle soziale, rassische, kulturelle und wirtschaftliche Begrenzungen hinausgreift. Paradoxerweise gerät die UNO, je mehr sie sich zu dem internationalen Forum entwickelt, als das sie gedacht war, immer mehr in die Gefahr der Zahlungsunfähigkeit und des wirtschaftlichen Zusammenbruchs. Doch sowohl die UNO als auch die EG werden entscheidend zur Schaffung einer neuen Weltordnung beitragen. Der Weltsicherheitsrat wird reformiert werden müssen; Japan und das wiedervereinigte Deutschland sollten in dieses Gremium aufgenommen werden, und man wird sich auch Gedanken darüber machen müssen, wie die GUS stärker berücksichtigt werden kann.

Die Konjunktion von Uranus und Neptun im Zeichen des Steinbocks steht in 90 Grad Winkelabstand zum Zeichen Waage, das über China herrscht. Während sich in anderen Ländern und Völkern eine Tendenz zur Integration, zum Wandel, abzeichnet, lehnt es die alte Garde in China ab, sich diesem Prozeß anzuschließen, was sich am deutlichsten in der blutigen Niederschlagung der Demokratiebewegung auf dem Platz des Himmlischen Friedens zeigte. Doch in den letzten Jahren dieses Jahrhunderts wird die Reformbewegung auch in China so stark werden, daß die alten Männer nicht mehr in der Lage sein werden, den Wandel zu verhindern oder gewaltsam zu unterdrücken, der sich in diesem Land vollziehen wird.

Ein anderes Gebiet, auf dem diese Planetenkonstellation die Welt schon beeinflußt hat, ist die Wirtschaft. Diese Konjunktion aktiviert den Steinbock, das Zeichen, das für Beständigkeit und für Wirtschaft und Finanzen steht: Die ökonomische Situation der Welt ist ausgesprochen instabil, und irrationale Schwankungen sind ständig möglich.

Sowohl Uranus als auch Neptun stehen in Beziehung zu Technologie und zu ökologischen Fragen. Uranus repräsentiert Maschinen, fossile Brennstoffe und die Atomtechnologie; Neptun steht für Chemikalien, Gase und Wasser. Daher weist ihre Konjunktion auf eine Entwicklung in Richtung ökologischer Katastrophen hin. Hier ist vor allem auf die Verwendung von Fluorchlorkohlenwasserstoffen (FCKW) hinzuweisen, die schon zu einer irreversiblen Schädigung der Ozonschicht geführt hat. Die über Australien, Südamerika, den beiden Polen, Nordeuropa und dem nördlichen Teil der USA entstandenen Ozonlöcher werden einen Anstieg von Hautkrebs-, Augen- und sonstigen Erkrankungen sowie eine generelle Schwächung des menschlichen Immunsystems bewirken. Die Konjunktion zeigt an, daß diese

Probleme bald einen kritischen Punkt erreichen werden und schließlich auch unser bloßes Überleben gefährdet sein wird. Außerdem könnte diese Konjunktion auf eine Ausbreitung von Computerviren hindeuten, wodurch viele Computer überall auf der Welt funktionsunfähig würden.

Die Uranus/Neptun-Konstellation begünstigt ferner eine Zunahme vulkanischer Aktivität, was sich bereits in den verheerenden Vulkanausbrüchen auf den Philippinen 1991 gezeigt hat, die weltweit spürbare ökologische Auswirkungen gehabt haben. Da Uranus mit den elektromagnetischen Energien auf der Erde in Verbindung gebracht wird und Neptun, verkörpert durch den Gott Poseidon, für Wasser und das Meer steht, wird ihre Konjunktion zu schweren Zerstörungen im Ökosystem der Erde führen. Das Zusammentreffen dieser beiden Planeten wird der Beginn von Perioden großer Hitze sein, denen riesige Flutkatastrophen und die Überspülung von Festland folgen werden. Einen Vorgeschmack auf diese Entwicklung, die ebenfalls durch die Abnahme der Ozonschicht über der Erde ausgelöst wird, haben uns die Naturkatastrophen der letzten zwanzig Jahre geboten.

Auf der anderen Seite stehen die Uranus/Neptun-Konjunktion und der nächste 171jährige Zyklus dieser beiden Planeten, der dadurch eingeleitet wird, auch für eine Zeit des Neubeginns und für neue Entdeckungen, die zu einer Versöhnung der von Uranus bestimmten Naturwissenschaft und des vom Neptun gelenkten spirituellen Denkens führen werden. Gedankengut aus den östlichen Religionen ist bereits in das Denken und in die Schriften vieler westlicher Wissenschaftler eingegangen, wofür man die Physiker Albert Einstein, Werner Heisenberg und David Bohm oder den Biologen Rupert Sheldrake als Beispiele nennen kann, um nur die wichtigsten zu erwähnen, und dieses Gedankengut wird unsere Sicht des Universums in Zukunft stärker beeinflussen. Die Glaubensvorstellungen werden dramatischen Veränderungen unterworfen werden, und neue Entdeckungen, die auch in die Sphäre des Spirituellen reichen, werden das moderne wissenschaftliche Denken und seine praktische Anwendung revolutionieren. Gedankenenergie und Kernfusion wird man als zwei verwandte wissenschaftliche Konzepte betrachten, und es werden radikal neue Formen der Energiegewinnung entwickelt werden, die unseren verschwenderischen Umgang mit den Energieressourcen ablösen.

In der Medizin werden die positiven Qualitäten des Uranus/Neptun-Prinzips ihren stärksten Niederschlag finden, denn in den Heilberufen wird man sich die Erkenntnisse über den feinstofflichen Energiekörper des Menschen vermehrt zunutze machen und den Wert sanfter Heilmethoden besser schätzen lernen. In der Welt wird sich eine neue Auffassung von Gesundheit ausbreiten, die der spirituellen Medizin des 21. Jahrhunderts den Weg ebnet.

Die Große Planetenkonstellation 1999

Seit Beginn der 70er Jahre hat die Häufigkeit von Erdbeben und Vulkanausbrüchen deutlich zugenommen, und die ökologischen Auswirkungen dieser Entwicklung sind in den sich anbahnenden weltweiten Klimaveränderungen spürbar. Ursprünglich vermuteten die Wissenschaftler die Ursache dieser Zunahme in geologischen Veränderungen, aber im Lauf der 70er und 80er Jahre entdeckte man, daß die Sonnenfleckenaktivität dafür maßgeblich war. Eine Häufung von Erdbeben scheint vor allem immer dann aufzutreten, wenn die Zahl der Sonnenflecken sehr groß ist, und auch in den Zeiten, in denen die Planeten des Sonnensystems in bestimmten geometrischen Formen zueinander stehen.

Die Sumerer, Babylonier und Ägypter interessierten sich bekanntlich sehr für die Astrologie. Sie setzten sie ein, um Horoskope zu erstellen und um herauszufinden, warum bestimmte einschneidende Ereignisse eintraten. Die Planeten galten als Götter und hatten daher in vielerlei Hinsicht Macht über das Leben der Menschen. Die Menschen beobachteten die Planeten, errichteten Tempel für sie, beteten sie an und schrieben ihnen in der Geschichte und in ihren Mythen eine zentrale Bedeutung zu.

In den letzten Jahren hat sich herausgestellt, daß man den Einfluß, den die Planeten auf die Ereignisse auf der Erde haben, bislang unterschätzt hat. In ihrem Buch *The Jupiter Effect* (1974) bewiesen die Wissenschaftler John Gribbin und Stephan Plagemann, daß die Planeten auf geologische Vorgänge auf der Erde einwirken. Sie sagten eine Zunahme der Erdbeben voraus, die mit einer seltenen Planetenkonstellation im Jahr 1982 einhergehen würde, und in der Tat kam es zu dieser Zeit zu einer unerwarteten Steigerung der Erdbeben-Aktivität. In dieser ungewöhnlichen Konstellation waren alle Planeten mit Ausnahme der Erde auf einer Seite der Sonne versammelt, ziemlich nahe an der Stelle, wo sie auch 1999 wieder stehen werden. Eine vergleichbare Zunahme von Erdbeben war auch schon im Jahr 1803 zu registrieren gewesen, als eine ähnliche Planetenkonstellation gegeben war.

Dr. John Nelson von der Firma RCA Communications untersuchte als erster die planetarische Ursache von Störungen und Veränderungen auf der Erde. Er fand heraus, daß wenn drei der neun Planeten in einem Winkel von 90 oder 180 Grad zueinander stehen, Radiowellen stärker gestört werden als sonst, auch wenn es nur eine geringe Sonnenfleckenaktivität gibt. Wenn mehrere Planeten an dieser Konstellation beteiligt sind, dann sind die atmosphärischen Störungen noch ausgeprägter.

Die Position, die die Planeten im Wendejahr 1999 einnehmen, könnte aber eine noch größere Gefahr für die Menschheit heraufbeschwören. Am 11. August 1999 – sieben Tage vor dem Großen Kreuz – wird eine Sonnenfinsternis stattfinden, die letzte im 20. Jahrhundert. Damit wird ein großes Kreuz der Planeten in den feststehenden Zeichen des Tierkreises – im Stier, Löwe, Skorpion und Wassermann – einhergehen, und diese vier Zeichen entsprechen den vier Tieren der Apokalypse in der *Offenbarung*. Weil dieses Kreuz ungemein exakt sein wird und weil die destruktiven Planeten Mars, Saturn und Uranus daran beteiligt sind, könnte diese Konstellation Katastrophen verschiedenster Art auslösen.

Anfang des Jahres 2000 werden die Erde und der Planet Pluto auf der einen Seite der Sonne stehen und einige andere Planeten wie Merkur, Mars, Jupiter und Saturn in einer geraden Linie auf der anderen Seite. Studien der NASA haben gezeigt, daß die Sonnenaktivität um 20 Prozent zunimmt, wenn Jupiter und Saturn an einer derartigen Konstellation beteiligt sind, denn sie sind nach der Sonne die beiden volumenmäßig größten Planeten. Diese Konstellation könnte daher durchaus zu einer Zunahme heftiger Erdbeben und zu großen Flutwellen, vielleicht sogar zu einer Verlagerung der Erdachse führen.

Der Uranus spielt bei der Vorhersage der Stärke von Erdbeben eine wichtige Rolle.[4] Wenn er in der Nähe des oberen oder des unteren Durchgangs durch den Meridian des Epizentrums eines Erdbebens steht, dann ist dieses Beben in der Regel stärker, als wenn dies nicht der Fall ist. Im Jahr 1999 hat Uranus in dieser Planetenkonstellation eine wichtige

Position inne, und er könnte deshalb eine Reihe von verheerenden Erdbeben auslösen, die die Erde aus dem Gleichgewicht bringen. Daß sich die Pole der Erde verlagern könnten, wurde schon von den biblischen Propheten und von Edgar Cayce vorausgesehen – uns bleibt nur die Hoffnung, daß sich alle diesbezüglichen Berechnungen und Prophezeiungen schließlich als unzutreffend erweisen.

Mediale Voraussagen für die Zeit bis zum Jahr 2000

Cayce und andere medial Begabte sagten übereinstimmend eine Reihe von Veränderungen voraus, von denen die Welt in der Zeit vor dem Wendejahr 2000 betroffen werden wird. Dies sind, zusammengefaßt, vor allem folgende Ereignisse:

- Die Polachsen der Erde werden sich verlagern.
- Es wird ein neues Weltklima entstehen.
- Nachdem der Meeresspiegel gefallen ist, werden versunkene Städte entdeckt werden.
- An beiden Küsten der USA werden sich große Veränderungen vollziehen.
- Große Teile der USA werden im Meer verschwinden – die neue Küstenlinie wird schließlich in Nebraska verlaufen.
- Zwischen Florida und Texas wird es zu spürbaren Bodensenkungen kommen.
- In der Türkei und in Jugoslawien werden sich schwere Erdbeben ereignen.
- Der Golfstrom wird sich verlagern.
- Einige Teile der Britischen Inseln werden im Meer untergehen, während andere angehoben werden. London wird Küstenstadt werden.

- In der Nordsee wird neues Land aufsteigen, während in Norwegen, Schweden, Dänemark und Finnland die Küstengebiete häufigen Überschwemmungen ausgesetzt sind.
- Große Teile von Hawaii und Japan werden wegbrechen und im Meer verschwinden.

Diese Projektionen erscheinen zwar sehr extrem, aber sie decken sich erstaunlich genau mit allen auf die Zeitenwende gerichteten Prophezeiungen, die von verschiedenen Propheten seit den Zeiten der Bibel abgegeben wurden. Wenn sie zutreffen, dann werden die Wissenschaftler gezwungen sein, sich wieder mit den Theorien zyklischer Kataklysmen vertraut zu machen, die bis zur Verbreitung der Lehre von Charles Darwin im vorigen Jahrhundert allgemein anerkannt waren.

10
Das Neue Zeitalter

Das Wassermann-Zeitalter, dem wir entgegengehen, wird einen grundlegenden Wandel mit sich bringen, von dem die gesamte Menschheit erfaßt wird. Der Übergang von einem Tierkreiszeichen in ein anderes hat immer schon Anlaß zu Endzeit-Erwartungen gegeben, allerdings herrscht Ungewißheit bzw. Uneinigkeit darüber, wann genau sich dieser Umschwung vollzieht. Das liegt daran, daß die Konstellationen der Tierkreiszeichen nicht jeweils den genau gleichen Teil der Ekliptik ausmachen, sondern willkürliche Sternenansammlungen von unterschiedlicher Größe darstellen. Eine Konstellation wie z. B. Skorpion nimmt etwa dreimal soviel Platz ein wie das Zwölftel, das ihr eigentlich zukommt. Wegen der enormen Größe des Skorpions und auch der Jungfrau wurde vermutet, es habe in früheren Zeiten nur zehn Tierkreiszeichen gegeben. Die Waage wurde vielleicht als Mittlerin zwischen diesen beiden geschaffen, als der Tierkreis erweitert wurde.

Daten für den Beginn des Neuen Zeitalters

In seinem Buch *The Book of World Horoscopes* führt Nicholas Campion mindestens 70 Daten für den Beginn des Wassermann-Zeitalters an, und diese Angaben erstrecken sich über einen Zeitraum von 1500 Jahren.[1] Der Autor macht seine Leser darauf aufmerksam, daß über diese Frage immer schon eine große Unklarheit herrschte, und er zitiert den bekannten Astrologen Charles Carter, der die Meinung vertritt, über dieses Thema sei soviel Unsinn geschrieben worden wie sonst über keinen anderen Zweig der Astrologie – was vielleicht doch ein bißchen übertrieben ist.

Campion führt auch einen interessanten Fall von Synchronizität an, der sich 1962 ereignete und an dem ein Schwindler aus dem Frankreich des 19. Jahrhunderts und die berühmte amerikanische Seherin Jeane Dixon beteiligt waren. In den 90er Jahren des vorigen Jahrhunderts setzte Gabriel Jogand, hauptsächlich, um abergläubische Katholiken zu beeindrucken, die Prophezeiung in die Welt, im Jahr 1962 werde der Antichrist geboren werden. An dem vorausgesagten Tag 70 Jahre später hatte Jeane Dixon eine Vision, wonach irgendwo im Nahen Osten ein Baby geboren worden sei, das sich zu einem Lehrer der Welt entwickeln und die Menschheit vom Christentum wegführen werde – genauso wurde der Antichrist immer beschrieben. Zeitgenössische Interpretatoren sahen darin sofort die Geburt eines Weltlehrers und das Symbol für den Beginn des Wassermann-Zeitalters.

Campion erstellte per Computer ein Horoskop für das von Dixon genannte Datum, verlegte es nach Jerusalem[2] und entdeckte, daß es am vorhergehenden Tag eine Sonnenfinsternis gegeben hatte, bei der alle Planeten im Zeichen des Wassermanns versammelt waren. Das ist zwar eine interessante Möglichkeit, den Eintritt in das Wassermann-Zeitalter zu datieren, aber es passierte an diesem Tag absolut nichts, was einer derartigen Erwartung entsprochen hätte. Das trifft überhaupt auf die meisten Termine zu, die für diesen wichtigen Einschnitt in der Geschichte genannt wurden – sie können zwar alle irgendwie begründet werden, aber sie lassen sich letztlich nicht zu wichtigen, umwälzenden Weltereignissen in Beziehung setzen, die den Übergang in ein neues Zeitalter darstellen könnten. Man könnte allerdings auch argumentieren, daß der Eintritt in das Zeitalter des Wassermanns eher ein innerer, im Menschen selbst stattfindender Vorgang und kein äußeres Ereignis ist.

Viele der nachstehend aufgeführten Jahresangaben für den Übergang in das Neue Zeitalter sind daher eher symbolisch zu verstehen und nicht astronomisch oder astrologisch begründbar, denn sie beruhen überwiegend auf intuitiven Annahmen.

Zu den plausibelsten Daten gehören folgende Jahreszahlen:

1898 Nach der Weltchronik der Hindus begann das Kali-Yuga (das Eisen-Zeitalter) im Jahr 3102 v. Chr. Da ein Yuga sich über 5000 Jahre erstreckt, ging das Kali-Yuga im Jahr 1898 zu Ende.

1904 Der Magier Aleister Crowley deklarierte in seinem Werk *Das Buch des Gesetzes*, das ihm angeblich von einer nichtinkarnierten ägyptischen Entität diktiert wurde, den April 1904, in dem dieses Channelling stattfand, als Beginn des «Neuen Äons», das von Horus, dem altägyptischen Sonnengott, beherrscht werden würde.

1905 Gerald Massey legte, ausgehend von dem Präzessionszeitraum von 2160 Jahren je Sternzeichen, den

Beginn des letzten Zyklus auf das Jahr 225 v. Chr. fest und kam dadurch zu der Annahme, das Wassermann-Zeitalter beginne im Jahr 1905.[3] Die Dauer einer Präzessionsperiode wird hier zwar korrekt wiedergegeben, aber die Festlegung des Beginns ist willkürlich und höchstens für Massey selbst relevant, nicht aber für die Menschheit im allgemeinen.

1911 Madame Blavatsky sagte voraus, gegen Ende dieses Jahrhunderts werde eine Weltkirche entstehen.[4] Die Theosophen gingen bei ihren Annahmen über den Beginn des Wassermann-Zeitalters von den Angaben aus, die Krishnamurti 1911 durch Channelling von Lord Maitreya erhalten haben wollte.

1921 Der Jockey Club von Barcelona stieß mit seiner Voraussage, die Welt werde in diesem Jahr untergehen, auf gewaltige Resonanz.[5]

1936 Edgar Cayce behauptete, im Jahr 1936 habe die Erdachse sich zu verlagern begonnen, und dieser unaufhaltsame Prozeß werde den Übergang zwischen den Weltzeitaltern in die Wege leiten. Diese Umwälzung werde sich später beschleunigen und zu Katastrophen führen. Ein renommierter amerikanischer Geologe bestätigte, daß diese Achsenverlagerung tief im Erdinneren und die von Cayce vorausgesagte drastische Veränderung der Erde tatsächlich möglich sei.[6]

1945 Alice A. Bailey stellte fest, daß der Übergang in das Wassermann-Zeitalter schon in den dreißiger Jahren begonnen habe, wie es in ihrem Buch *Die geistige Hierarchie tritt in Erscheinung* beschrieben worden war.[7] 1945 empfing sie von ihrem Meister Djwhal Khul die «Große Invokation», in der die Kräfte des Lichts, der Liebe und des göttlichen Wirkens angesprochen werden, die unabhängig sind von überkommenen religiösen Bindungen, und 1946 schrieb Alice A. Bailey: «Der Tag dämmert bereits herauf, an dem man alle Religionen als Ausfluß der einen großen spirituellen Quelle betrachten wird.» (Siehe dazu auch S. 165 ff.).

1962 Der peruanische Seher Willaru Huayta, der dem Inka-Volk der Ketschua entstammt, welches zur historischen Föderation der Inka-Völker gehörte, vertrat die Meinung, das Wassermann-Zeitalter habe im Februar 1962 begonnen.[8]

1975 Dane Rudhyar erklärte, im Jahr 1975 werde der Avatar des Neuen Zeitalters erscheinen. Er hielt es allerdings für möglich, daß es sich dabei nicht um die von vielen erwartete Wiederkunft Christi handeln werde, sondern daß die Christus-Energie von mehreren Menschen, die als Sendboten auftreten würden, in die Welt gebracht werden könnte.[9]

1975 A. Voldben führte in seinem Buch *Nostradamus und die großen Weissagungen*[10] eine Reihe von Jahreszahlen an, z. B. 1975, 2000, 2030 und 2160. Er wies darauf hin, daß der Übergang von einem Weltzeitalter in das nächste niemals exakt angegeben werden könne und daß er wahrscheinlich Hunderte von Jahren in Anspruch nimmt, denn er sei auch mit einem Wandel des kollektiven Bewußtseins der Menschheit verbunden.

1987 Im August dieses Jahres organisierte José Argüelles die «Harmonikalische Konvergenz», die den Eintritt in das bevorstehende Neue Zeitalter vorbereiten sollte.

1997 C. G. Jung behauptete in Übereinstimmung mit Nostradamus, das Neue Zeitalter werde zwischen 1997 und 2000 beginnen.

2000 In vielen Prophezeiungen wird das Jahr 2000 als Jahr

der Wende genannt, so in den Voraussagen von Nostradamus, Edgar Cayce und anderen christlichen Propheten.[11] Margaret Hone bezeichnete in ihrem Buch *The Modern Textbook of Astrology* das Jahr 2000 als «symbolisches Datum für das Neue Zeitalter».[12] Die deutsche Seherin Katharina Emmerich (1774–1824) glaubte, Luzifer werde 50 oder 60 Jahre vor dem Jahr 2000 von seinen Ketten befreit werden.[13] In *The Divine Plot*, verfaßt vom Autor dieses Buches, wird ein astrologisches Modell entwickelt, das den historischen Prozeß als einen multiplen Zyklus von Weltzeitaltern beschreibt, und auch hier wird der Übergang in eine neue Epoche der Welt für das Jahr 2000 projiziert.[14]

2001 G. Barbarin vertrat die These, daß nach dem Prinzip der Weltenwoche und den sechs Tagen, die jeweils tausend Jahren in der Ära von Adam entsprechen, nun ein Ruhetag folgen werde, ein Millennium, das aus einer tausendjährigen Friedensperiode bestehen werde.[15] Diese Prophezeiung ähnelt zwar stark den Vorstellungen der Adventisten vom Siebenten Tag, aber sie entspricht auch dem hebräischen Jubeljahr und Nostradamus' Annahme von einem Millennium im siebten Jahrtausend.

2010 Peter Lemesurier erklärte in seinem Buch *The Gospel of the Stars* dieses Datum zum «endgültigen Termin»[16] für den Übergang in das Wassermann-Zeitalter, wobei er sich auf Forschungen des französischen Institut Géographique National stützte.

2012 Terence und Dennis McKenna entwickelten in ihrem Buch *The Invisible Landscape*, ausgehend von Forschungen über Schamanismus und psychoaktive Drogen, die These, daß das Universum durch die holographische Interaktion von zwei Hyperuniversen entstanden sei und daß es zyklisch und wiederkehrend sei.[17] Gestützt auf ausführliche Computerberechnungen, behaupteten sie, die Menschheit werde im Jahr 2012 eine «Wiedergeburt in das Licht» erleben, und zwar im Verlauf von sechs Tagen. In den letzten 135 Minuten dieses Zeitraums werde die Menschheit 18 Stufen, die dem Beginn des Lebens, der Erfindung der Sprache oder der Erlangung der Unsterblichkeit entsprechen, durchlaufen, 13 davon in der letzten Millisekunde.

2012 José Argüelles entdeckte bei der Erforschung des alten Maya-Kalenders ein System von historischen Zyklen, wonach im Jahr 2012 das letzte der jeweils 397 Jahre dauernden Baktuns, nämlich das Baktun der Transformation der Materie, zu Ende geht, was den Zusammenbruch der menschlichen Zivilisation, die Reinigung der Erde und die Regeneration des Planeten nach sich ziehen wird. Die nachfolgende Epoche wird demnach ein «Zeitalter der Information» sein, das durch Kristall-Solar-Technik und durch galaktische Synchronisation geprägt sein wird.[18]

2020 Adrian Duncan entwarf in seinem Buch *Doing Time on Planet Earth* ein «Wassermann-Mutations-Diagramm», ein Horoskop für den Übergang in das Wassermann-Zeitalter, den er für den Zeitpunkt festlegte, an dem Jupiter und Saturn zum ersten Mal seit dem Jahr 1404 wieder im Zeichen des Wassermanns in Konjunktion stehen werden. Das ist der 21. Dezember 2020, 18.18 Uhr Weltzeit.[19]

2025 «Der Tibeter», der durch Alice A. Bailey sprach, kündigte an, daß sich im Jahr 2025 der Vierte Strahl manifestieren werde, der die Voraussetzung für die intellektuelle und emotionale Reinigung der Menschheit schaffen werde. Sie werde dadurch in die Lage versetzt werden, ihre intuitiven Fähigkeiten viel besser zu nutzen.

2059 Dane Rudhyar nennt in *Der Sonne-Mond-Zyklus* dieses Datum als Jahr des Eintritts in das Wassermann-Zeitalter (abweichend von seiner folgenden Aussage).

2060 In einem anderen Werk stellt Dane Rudhyar fest, daß das Fische-Zeitalter im Jahr 100 v. Chr. begonnen habe, und da ein Welt-Zeitalter 2160 Jahre dauert, müsse das Wassermann-Zeitalter eben im Jahr 2060 beginnen.[20] Er nahm an, die letzten zehn Prozent jeder Weltepoche seien die «Saatperiode» der neuen Zeit, in der ihr Einfluß schon spürbar werde. So wies er darauf hin, daß 1844 ein junger persischer Prophet das Ende der islamischen Ära und den Beginn eines Neuen Zeitalters vorausgesagt hatte, und daß dessen Avatar 19 Jahre später in Erscheinung treten werde. Einer seiner frühen Anhänger rief sich dann auch als Baha'u'llah («Ruhm Gottes») aus, als der Eine, den man erwartet hatte. Und schließlich wurde 1846 auch noch der Planet Neptun entdeckt.

Rudhyar war überzeugt, die spirituellen Energien des neuen Zyklus hätten schon begonnen, sich zu verbreiten und würden sich bald manifestieren, wodurch die öffentlichen Institutionen eine radikale Umwälzung erfahren würden. Dies werde sich dann ereignen, wenn sich die Planeten im Zeichen des Steinbocks versammeln. Die Menschheit werde sich einem «Ritus des Übergangs» unterwerfen, und nach der Zerstörung der alten und fehlerhaften Organisationsformen werde die Menschheit eine neue Art zu leben entdekken.

2160 Gordon Strachan, der in seinem Buch *Christ and the Cosmos* das Datum von Christi Geburt als Ausgangspunkt nahm, kam folglich auf das Jahr 2160 als Zeitpunkt des Übergangs in das Wassermann-Zeitalter, da dann eine volle Präzessionsperiode verstrichen sein wird.[21]

2874 Auf der Grundlage der Berechnungen und Kalkulationen, die er über die Stollen in der Großen Pyramide angestellt hatte, prophezeite Morton Edgar den «Tag der Wiederherstellung» für das Jahr 2874. An diesem Tag werde die Menschheit und die Welt von Christus all das zurückerhalten, was sie im Lauf der Geschichte verloren habe.

2915 Edgar meinte, in diesem Jahr, 40 Jahre nach dem vorhergehenden Datum, werde die erlöste Menschheit sich der Freiheit der Kinder Gottes erfreuen und unbeschränkte Herrschaft über die Erde ausüben.

Es gibt darüber hinaus noch weitere Datierungen, wie z. B. jene von Robert Hand, der die Präzessionsbewegung der Erdachse mit der tatsächlichen Größe der Fische-Konstellation am Himmel in Verbindung brachte und daraus das Jahr 2813 als Übergangsdatum ableitete, sowie anders begründete Datierungen, die sich bis ins Jahr 3550 erstrecken.

Zusammenfassend läßt sich feststellen, daß man das Datum, an dem sich der Eintritt in das Wassermann-Zeitalter vollziehen soll, nicht eindeutig bestimmen kann, und es scheint fast, als hätte jeder, der sich damit beschäftigt, seine eigene Version dafür parat. Sicher ist nur, daß dieser Übergangsprozeß kurz bevorsteht oder bereits begonnen hat und daß er weitreichende Auswirkungen auf die gesamte Menschheit haben wird.

Das Fische-Zeitalter als Ära des Christentums

Wir erleben gegenwärtig, da wir auf das Wendejahr 2000 zugehen, den Ausgang des Fische-Zeitalters, das sich von Christi Geburt bis zur Gegenwart erstreckt hat. Jesus war die Inkarnation und das Symbol für dieses Zeitalter. Er war der Avatar des Fische-Zeichens, und, astrologisch betrachtet, repräsentierte er das entgegengesetzte Zeichen Jungfrau, was auch in seiner Geburt durch die Jungfrau Maria zum Ausdruck kam.

Daß ein Christus kommen werde, der den Übergang vom Widder- in das Fische-Zeitalter einleiten werde, war schon Jahrhunderte vor seiner Geburt prophezeit worden. Gott, zu dem man früher nur durch eingeweihte Priester oder gesalbte Gottkönige Zugang hatte, war nun zu dem Entschluß gekommen, seinen eigenen Sohn in die Welt zu schicken. Zum ersten Mal war Gott als Wesen aus Fleisch und Blut präsent, und diese Botschaft nahm die Menschheit sich zu Herzen.

Während der 2000 Jahre, die seit dem Beginn des Fische-Zeitalters vergangen sind, fand die Lehre von Jesus Christus viele Anhänger, aber sie wurde auch mißbraucht. Die christliche Kirche war so sehr von ihrer eigenen Macht angetan, daß sie sich in offenkundig unchristliche Richtung zu entwickeln begann. Die Frömmigkeit und die Demut der Christen sind verschwunden; an ihre Stelle sind materielles Wohlleben, Unaufrichtigkeit und Sinnenlust getreten, und durch zahlreiche äußere Einflüsse sind zentrale Werte der christlichen Botschaft verwässert worden.

Die Kirche, die von Petrus gegründet worden ist, erlangte ihre vorherrschende Stellung durch die Lehre, die ihr geistiger Vater, Jesus Christus, verkündet hatte. Beide wären entsetzt gewesen, hätten sie mitansehen müssen, wieviel

Schreckliches im Laufe der Jahrhunderte im Namen der Kirche verübt wurde, aber sie wären nicht minder erfreut gewesen über die vielen guten Taten, die in ihrem Namen vollbracht wurden. Doch nun, da das Fische-Zeitalter zu Ende geht, sieht die Menschheit erwartungsvoll einem Neuen Zeitalter entgegen.

Das Neue Zeitalter im Zeichen des Wassermanns

Eine der wichtigsten Botschaften dieses Neuen Zeitalters lautet, daß ein Avatar, möglicherweise Christus, die Symbolfigur des ausgehenden Fische-Zeitalters und Erlöser der Menschheit, wiedergeboren werden wird, entweder in symbolischer Gestalt oder als leibliche Inkarnation, in Gestalt einer Wiederkunft. Viele Propheten haben eine solche angekündigt, in unserer Zeit z. B. Benjamin Creme, der annahm, in den 80er Jahren werde aus der pakistanischen Bevölkerung im Osten von London ein Messias hervorgehen.

Viele Menschen glauben, daß die «Saatgruppen» oder die «Saatmenschen», die den Übergang in das Neue Zeitalter initiieren, schon unter uns leben. Wenn wir annehmen können, daß die kosmischen Kräfte am Ende und am Anfang eines Weltzeitalters besonders gebündelt werden, dann ist es naheliegend, daß Menschen auf die Welt kommen, deren Aufgabe es ist, die Energien des Wandels zu hegen und zu fördern. Sie sind Kernzellen und Kanäle, durch welche die Botschaft einer neuen Menschheit übermittelt und manifestiert wird.

Es ist unbestreitbar, daß die geistigen Autoritäten aus dem Fische-Zeitalter ihre Macht verloren haben. Der Einfluß des Christentums befindet sich auf einem historischen

Tiefstand. Viele Menschen, die als Christen erzogen worden sind, fühlen sich zu alternativen Glaubensrichtungen hingezogen, sei es zum Schamanismus, zu indianischen Glaubensvorstellungen oder zu östlichen Religionen. Andere Weltreligionen sind unter den Einfluß von reaktionären oder revolutionären politischen Ideologien geraten. Die Gurus der sechziger und siebziger Jahre konnten nicht das halten, was sie zu versprechen schienen, und sind wieder aus dem Rampenlicht verschwunden. Ihr Rückzug ging oft unter dramatischen Begleitumständen vonstatten, denkt man etwa an die Enttäuschung, die sich breitmachte, nachdem sich herausgestellt hatte, daß Krishnamurti doch nicht jener Avatar und Weltenlehrer war, als der er ausgerufen worden war, oder an Bhagwan Sri Rajneesh mit seiner Rolls-Royce-Flotte und den Skandalen, die sich um seine Person und seine Lehre rankten. Beide waren weise Männer, deren Zeit kam und wieder verging. Die Zeit für Erleuchtungsreisen in den Osten ist ebenfalls vorbei. Denn die Weisheit des Ostens umgibt uns auch hierzulande und lebt in uns. Sie ist ein integraler Bestandteil der neuen Weltordnung – in spiritueller, philosophischer, künstlerischer, wirtschaftlicher und wissenschaftlicher Hinsicht. Wir müssen zu einer neuen, höheren Form der Integration finden, und viele sind schon auf dem Weg dahin.

Der Niedergang des Kommunismus ist symptomatisch für die Endlichkeit politischer Bewegungen. Seit der Mitte des 19. Jahrhunderts haben politische Ideologien den Platz der Religionen eingenommen, und nun werden ihnen ihre Gier, ihre Ungerechtigkeit und Ungleichbehandlung, ihre Korruption und ihr unaufrichtiger Umgang mit der Wahrheit zum Verhängnis. In den USA wurde dies durch die Ermordung von John F. Kennedy und später durch die Demütigung von Richard Nixon symbolisiert. Der Präsident der Vereinigten Staaten von Amerika genießt heute bei weitem nicht mehr ein solch hohes Ansehen wie früher, eher gilt er als Galionsfigur des Big Business, und die Menschen fragen sich, was jetzt, da der kalte Krieg zu Ende gegangen ist, geschehen soll. Es kommt nun die Zeit, in der der Einfluß von Gruppen spürbar wird.

Man interessiert sich sehr für die Minderheiten und ihre Rechte – mit dem Ergebnis, daß diese Minderheiten heute zu Mehrheiten geworden sind. Der Frauenbewegung der siebziger Jahre ist in den neunziger Jahren eine Art Männerbewegung nachgefolgt, die beide ein Versuch waren, das Verhältnis der Geschlechter zueinander neu zu definieren. Die Geschichte wird neu geschrieben, wobei auch jene Schichten und Randgruppen berücksichtigt werden, die man in der Vergangenheit gern überging und ignorierte. Es zeichnet sich eine Tendenz ab, die weltweit zu einer Annäherung der Rassen und Religionen und zu einem Abbau der Schranken führen könnte. Vielen Menschen wird diese Entwicklung zuerst nicht ganz geheuer erscheinen, aber am Ende wird es in der Welt mehr Solidarität geben. Ein neues Lebensmodell entsteht unmittelbar vor unseren Augen.

Daß die großen, weltbekannten spirituellen Lehrer oder Gurus heute keine große Rolle mehr spielen, hat zur Folge, daß die Weisheit der Jahrhunderte nun stärker durch die Individuen, die Familien, die kleineren gesellschaftlichen Einheiten weitergetragen wird. Es geht nicht mehr darum, ob das Wissen aus östlichen oder westlichen Traditionen stammt, ob es allgemein oder nur wenigen Eingeweihten zugänglich ist, ob es buddhistisch oder christlich, astrologisch oder psychologisch geprägt ist – es ist vielmehr wichtig, daß es vom einzelnen Menschen tief empfunden wird. Es scheint, als hätte das kollektive Herz-Chakra der Menschheit sich geöffnet.

Die Bevölkerungsexplosion hat dazu geführt, daß im 20. Jahrhundert so viele Menschen auf der Erde leben wie in der gesamten vorangegangenen Geschichte, wie in den 40 000 Jahren zusammengenommen, die seit dem Auftreten der Cro-Magnon-Menschen verstrichen sind. Die Zahl der Menschen wächst weiter, und die Zeit bewegt sich immer schneller auf das Jahr des Millenniums zu. Die moderne Welt entwickelt sich in immer schnellerem Tempo, und nur noch wenige Menschen können damit Schritt halten und sich an die sich ständig verändernden Bedingungen anpassen. Es ist schlechterdings unmöglich, die starke Bevölkerungsexplosion und die Probleme und Folgewirkungen, die sie verursacht hat und in der Zukunft noch verursachen wird, nicht zur Kenntnis zu nehmen. Im Gefolge dieser Bevölkerungsexplosion kam es zu einer Rückbesinnung auf ursprüngliche religiöse Glaubensvorstellungen, auf alte Bräuche, Mythen, Volksweisheiten und Symbole. Niemand kann sich so recht vorstellen, wie unsere Zukunft aussehen wird, denn sonst würden wir nicht in der Vergangenheit eine Antwort auf diese Frage suchen. Wir haben einfach nicht die Phantasie, uns auszumalen, wie die Welt in 20 Jahren beschaffen sein wird.

Das Neue Jerusalem

In dem Buch *City of Revelation* von John Michell wird eine ewige Philosophie dargestellt, aus der mit Hilfe einer Interpretation der numerologischen Aspekte in der Bibel und der Astronomie der Megalith-Kulturen die Vorstellung eines kommenden Neuen Jerusalems entwickelt wird. Ausgehend von den Schlüsselzahlen 666 und 1080, die sowohl in der *Offenbarung* als auch bei Glastonbury, Stonehenge und anderen großen Monumenten der Frühgeschichte eine wichtige Rolle spielen, kommt Michell zu der Annahme, daß der Tempel von Jerusalem eine Metapher für die Erde ist und daß die Wiedererrichtung des Tempels nichts anderes bedeutet als die Wiedergeburt der Erde und die Rückkehr zu einer Zeit der Prophezeiung und der göttlichen Offenbarung.

Anhand einer sorgfältigen Analyse der Struktur und der Maße von Glastonbury, Stonehenge und einer Rekonstruktion des Tempels von Jerusalem beschreibt Michell zum einen den Verfall jener Intelligenz, die diese Bauwerke errichtete, aber auch die gegenwärtige Wiedergeburt eben dieser spirituellen Kraft. Die Geringschätzung des Sakralen und Heiligen in der Geschichte zugunsten einer Betonung der weltlichen Erscheinungen ist für ihn gleichbedeutend mit einer Verleugnung Gottes bzw. der Götter. Auch wenn er sich der Untergangsvisionen bewußt ist, die in bezug auf unsere nähere Zukunft verbreitet wurden, so ist er doch überzeugt, daß ein wahrer Prophet die Keime der Rückkehr eines Neuen Jerusalems und des Göttlichen erkennen wird, wenn wir in das Zeitalter des Wassermanns eintreten. Verstärkte kosmische Strahlungen, die für derartige weltumgreifende Veränderungen typisch sind, werden den Wandlungsprozeß beschleunigen.

Die Sehnsucht nach einer neuen Offenbarung ist sehr groß. Die Pioniere des Neuen Zeitalters glauben, daß der wachsende Einfluß der Gottheiten, die wieder an ihren angestammten Platz zurückkehren, die geistigen Veränderungen beschleunigen wird, die nötig sind, um die bestehende Ordnung der Welt zu verändern. Auch Michell sieht Signale, die zu Hoffnung Anlaß geben.

Nach Michell sind es in erster Linie die Wissenschaft und die Industrie, die für den heutigen Zustand der Welt verantwortlich sind. Er vergleicht sie mit Babylon, womit er sagen will, daß er die Zerstörung aller Babylons für eine notwendige Voraussetzung hält für die Schaffung eines Neuen Jerusalems. Die Erwartung eines Millenniums, eines Weltgerichts, gehört für ihn zum archetypischen Inventar der Menschheit.

Gegenwärtig erleben wir die Auseinandersetzung zwischen der Kraft der Sonnenenergie, repräsentiert durch die Zahl 666, und der Kraft der geistigen Wahrnehmung, der Bescheidenheit und der Freiheit, die durch die Zahl 1080 symbolisiert wird. Die Ergebnisse dieser Auseinandersetzung symbolisiert die Zahl 1746, die Summe aus beiden Zahlen, die für das Samenkorn steht, aus dem die Wurzeln und die Zweige des großen kosmischen Baumes, des Symbols der kosmischen Einheit, hervorwachsen.[22]

Prophezeiungen der nordamerikanischen Indianer

Die Indianer lebten schon seit Tausenden von Jahren auf ihrer «Schildkröteninsel», wie sie Nordamerika nannten, bevor im Jahre 1100 die Wikinger und im Jahr 1492 Kolumbus und seine Männer kamen. Die Indianerstämme zogen durch das riesige Land auf der Suche nach Jagdgründen und lebten in Harmonie mit sich und der üppigen Natur, die sie umgab. Ihr Denken wurde geprägt von der Vorstellung, daß alles mit allem zusammenhängt und daß jede Handlung im Netz des Lebens alle anderen Handlungen beeinflußt. Dieses heilige Gesetz war sozusagen die Richtschnur ihres Lebens. Die moderne Wissenschaft hat diese elementaren Zusammenhänge erst in jüngerer Zeit entdeckt und in der Relativitätstheorie und der Theorie von den Superstrings formuliert, aber den Indianern wurde und wird diese Erkenntnis von Kindesbeinen an nahegebracht.

Die weisen Männer der Indianer wußten schon seit Jahrhunderten, lange bevor die Weißen dort landeten, daß eine unheilbringende Macht in ihrem Land erscheinen würde. In den alten Prophezeiungen wurde vorausgesagt, die Indianer würden sich von dem geheiligten Pfad abwenden, den ihre Vorfahren beschritten hatten, und dies würde durch eine Reihe von Feuern symbolisiert werden. Während des Vierten Feuers würden hellhäutige Menschen, die sich als Brüder ausgeben, auf die Schildkröteninsel kommen. Ihr Erscheinen würde den Beginn einer aufregenden Zeit bedeuten, voller neuer Erfindungen und neuer Erfahrungen, und durch sie angeregt, würden sich die kleinen Völker zu vier größeren Nationen zusammenschließen und die vier schließlich zu einer einzigen starken Nation. Doch die Propheten warnten auch:

> Seid auf der Hut, wenn die Hellhäutigen mit dem Gesicht des Todes kommen. Ihr müßt vorsichtig sein, denn das Gesicht des Todes und das Gesicht der Brüderlichkeit sind ziemlich ähnlich.[23]

Andere Propheten sagten, die Hellhäutigen würden *nur* Leiden mit sich bringen, und eines Tages würde man dafür den Beweis geliefert bekommen, wenn die Flüsse vergiftet und die Fische ungenießbar seien. Diese Propheten hatten recht: Im Jahre 1990 waren allein in Kanada schon über 1400 Seen biologisch tot.

Die Seher der nordamerikanischen Indianer sagten auch die Kriege voraus, in denen ihre Brüder und Schwestern durch große Armeen umgebracht und die Kinder ihren Eltern entrissen werden würden. Das Volk der Indianer werde zwischen zwei möglichen, gangbaren Wegen wählen müssen – dem Weg der Technologie und dem Weg der Spiritualität. Doch nur wenn das Volk den Weg der Spiritualität wählen und sich wieder auf die alten Tugenden und die Lehren der Vorfahren besinnen werde, könne es wieder frei leben.

Die Propheten der Hopi-Indianer haben die Weltkriege vorausgesehen, die Erfindung von Autos und Flugzeugen und sogar die Atombombe. Sie haben vorausgesagt, daß die Söhne der weißen Männer sich die Haare lang wachsen lassen werden und in größeren Gemeinschaften zusammenleben werden.[24] Sie nannten jene Männer und deren Verwandte, die die Ältesten aufsuchen würden, um die Kunst des Heilens zu erlernen, «Krieger des Regenbogens». In ihnen mischen sich alle Farben und alle Rassen der Welt, denn es gibt nirgendwo mehr reines Blut. Zu ihren Aufgaben gehört es, der Menschheit zu zeigen, daß alle eins sind, Mitglieder desselben Stammes. Die Hopi hoffen, daß alle diese Regenbogen-Kinder nun spirituelle Krieger werden und dabei helfen, die Erde zu heilen und das Gleichgewicht der Natur wiederherzustellen.

Als man ihnen Bilder der jüngst in Europa und Amerika entdeckten Kornkreise zeigte, meinten die Ältesten der Hopi, diese Muster und Symbole seien Mitteilungen von Mutter Erde, die schmutzige Tränen (verschmutzte Gewässer) weine über ihr verlorenes Blut (Öl, das aus ihrem Boden herausgepumpt wurde) und die uns sagen wolle, daß sie zu ersticken drohe (Luftverschmutzung). Mutter Erde möchte uns ihren Schmerz mitteilen, und wir müssen ihr zuhören.

Sun Bear und die Veränderungen auf der Erde

Laut Sun Bear, einem Angehörigen des Chippewa-Stammes im White Earth Reservat in Nord-Minnesota, lebt in seinem Volk die Vorstellung von einer Reise durch vier Welten. Jede Welt endet und wird zugleich in die nächste Welt hinübergeführt durch eine Periode der Reinigung und Läuterung. Demnach befinden wir uns gegenwärtig in der Reinigungsphase vor der letzten der vier Welten. Der Tod der Wälder, die Vergiftung der Wasser und die Erschütterung der Erde – alles wurde von den alten Propheten der Indianer vorhergesagt. Sun Bear hält deshalb Vorträge, um die Menschen zu lehren, wie sie angesichts der bevorstehenden Veränderungen auf der Erde überleben können. Sun Bear prophezeit, daß es in der noch verbleibenden Zeit bis zum Jahr 2000 drei Jahre geben wird, in denen so gut wie keine Nahrung mehr auf der Erde vorhanden sein wird, und er mahnt uns, uns darauf vorzubereiten.

Willaru Huayta und die Prophezeiungen der Inka

In den Prophezeiungen der Inka – das heißt, in ihrer Überlieferung durch Willaru Huayta, einen Peruaner aus dem Ketschua-Volk – spiegelt sich deren alte, auf die Sonne und das Universum ausgerichtete Religion. Diese Tradition lebt weiter, insbesondere in den Dschungelgebieten um den Amazonas, dem letzten Rückzugsgebiet der Kultur des alten Inka-Reiches.

In den Prophezeiungen der Inka ist die Rede davon, daß der Adler des Nordens und der Kondor des Südens seit fünf

Jahrhunderten getrennt fliegen. Wenn sie wieder gemeinsam fliegen, was sich nun abzuzeichnen beginnt, werden die Menschen wieder beginnen, «aus dem Herzen zu sprechen». In der Kultur der Inka lebt die Tradition von Atlantis fort, jener Ur-Zivilisation, die vor Tausenden von Jahren untergegangen ist. Die Überlebenden aus dieser hochentwickelten Kultur gründeten Siedlungen in weiten Teilen Südamerikas. Aber ihre Religion wurde durch die Ankunft der Spanier zerstört, denn die Spanier waren Feinde der Sonne, und seitdem nimmt die Geschichte der Menschheit einen schlimmen Verlauf. Die Wissenschaftler verstehen die vieldimensionale Welt des Geistes nicht, die der alten Lebensweise zugrunde liegt, und der Materialismus ist überall vorherrschend. Im Jahre 1750 warnte der große Inka Shora Atahuallpa die Soldaten der Sonne, daß der Bund der Menschheit mit den Kräften der Natur zerbrechen werde, daß die Menschheit ihre Richtung verlieren und sich im Dunkeln verirren werde.[25] Heute sind solche Veränderungen überall im Gange.

Willaru Huayta ist der Auffassung, daß die Menschheit im Jahre 1962 in das Zeitalter des Wassermanns eingetreten ist und daß die fünfte Sonnengeneration sich nun im Frühstadium ihrer Entwicklung befindet. In dem Zeitraum zwischen 1962 und der «Harmonikalischen Konvergenz» im Jahr 1987 hätten zahlreiche Menschen Botschaften erhalten und daraufhin ihre inneren Kräfte mobilisiert, um ihre Mission auf der Erde zu erfüllen. Huayta sagte aber auch:

> In dieser Zeit des Übergangs werden sich große Katastrophen ereignen, aber es besteht kein Grund zur Sorge. Die Erde wird erzittern, die Luft wird von Hurrikanen und Tornados erfüllt sein, auf den Ozeanen werden sich Sturmwellen bilden, und die Sonne wird große Hitze

abstrahlen. Im Jahr 2012 endet schließlich der Kalender der Inka.[26]

Nach Huayta wird sich die Katastrophe also im Jahr 2013 ereignen, wenn ein riesiger magnetischer Asteroid, der dreimal so groß ist wie der Planet Jupiter, sich der Erde nähern und auf ihr die große Reinigung auslösen wird. Nach dieser Katastrophe werden die Saatmenschen zurückkehren und eine neue Zivilisation aufbauen. Die fünfte Sonnengeneration wird mit der Katastrophe verschwinden, aber wir können die Saat der sechsten Generation bilden, wenn wir es schaffen, «mit dem Licht in uns in Verbindung zu treten und es zum Leben zu erwecken».

Das Ende und der Anfang der Geschichte

Manche Menschen glauben, daß wir gegenwärtig das Ende der Geschichte erleben – wenn man unter Geschichte die Art und Weise versteht, wie die Menschheit sich entwickelt, Kämpfe ausgetragen, sich differenziert und an veränderte Bedingungen angepaßt hat, bis sie das geworden ist, was sie heute ist. Die Unterscheidungsmerkmale, nach denen man fast ein Jahrhundert lang die beiden großen politischen Systeme – Demokratie und Sozialismus/Kommunismus – auseinanderhalten konnte, sind nicht mehr aussagekräftig. Die polaren Gegensätze haben sich aufgelöst. Es gibt heute nur noch die Wahl zwischen Integration der Gegensätze in einen ganzheitlichen Lebensentwurf und einem perspektivelosen Auf-der-Stelle-Treten.

Während Rußland und andere Republiken der auseinandergefallenen UdSSR sich auf den mühsamen Weg zur Demokratie begeben, werden im US-amerikanischen Kongreß

Gesetze verabschiedet, die das Gesundheitswesen und die Wirtschaft stärker nach sozialen Gesichtspunkten ausrichten. Diese Veränderungen sind dringend nötig, aber sie werden wahrscheinlich zunächst noch zu einer Verschärfung der Probleme beitragen. Es scheint, als ob sich nun innerhalb dieser Gesellschaften Entwicklungen vollziehen, die sie früher jeweils nur bei ihrem Feind wahrzunehmen glaubten. Die Gegenspieler von diesseits und jenseits des ehemaligen Eisernen Vorhangs erkennen jetzt, daß sie eigentlich beides in einem sind: Sehende und Schatten zugleich. Wir müssen nun darangehen, die Schranken in uns selbst abzubauen, die uns daran hindern, jene Qualität des Lebens zu erlangen, ohne die unsere Welt keine Zukunft hätte.

In der Psychologie spielt der Begriff des «Schattens» eine wichtige Rolle. Wir alle haben eine dunkle Seite, auf die wir unser Unwissen, die komplizierten und schwierigen Teile unserer Persönlichkeit, unsere vergeblichen Bemühungen, unsere Machtlosigkeit und auch unseren Zorn und unsere mörderischen Instinkte projizieren. Alles, was wir in unserem Bewußtsein unterdrücken und verdrängen, findet sich dort ein und wartet darauf, daß die Schleusen geöffnet werden und es herausströmen und Einfluß auf unser Leben gewinnen kann. Am Beginn eines psychotherapeutischen Prozesses wird unsere unbewußte «Büchse der Pandora» geöffnet, in der sich unsere verdrängten Erinnerungen befinden, und wir haben ein Gefühl, als müßten wir sterben. Das kommt daher, daß unsere vom Bewußtsein kontrollierte Identität, unsere Selbsteinschätzung, durch diese hervorbrechenden Gefühle erschüttert wird und wir gezwungen werden, uns mit einem Teil von uns selbst auseinanderzusetzen, den wir nicht wahrhaben wollen. Da ist es einfacher, alles zu vergessen, unsere Schatten-Eigenschaften auf schwierige Partner, auf Parteien, die eine andere Politik vertreten, auf Gurus, die abweichende Ansichten haben, auf Sportmannschaften, die unser Team geschlagen haben oder auf Liebespartner, die wir nicht bekommen können, zu projizieren. Was sich gegenwärtig in der Welt abspielt, ist nichts anderes als eine kollektive Manifestation dieses Phänomens.

Wenn unsere alten Feinde unsere neuen Freunde geworden sind, wenn es keine Rechtfertigung für hohe Rüstungsausgaben mehr gibt und wenn kein Grund mehr besteht, mit der Umweltverschmutzung und -zerstörung fortzufahren, dann werden sich uns die wirklich wichtigen und schwierigen Fragen stellen. Wenn wir anfangen, die Tiefen unseres Selbst auszuloten, wenn wir entdecken, wie wir alle zusammenwirken können, um die Zerstörung des Planeten zu verhindern, wenn wir lernen, unseren Reichtum mit denen, die weniger haben, zu teilen, um die Weltressourcen zu schonen, dann erst wird unsere wahre Integration in diesen Planeten beginnen.

Dann wird uns unsere innere Weisheit sagen, wie wir unseren inneren Reichtum erschließen können, wie wir lernen können, uns mit dem mitfühlenden und sorgenden Teil unseres Wesens zu identifizieren, anstatt die Welt für die Situation verantwortlich zu machen, die wir selbst geschaffen haben.

Erst dann werden wir uns wirklich in einem Neuen Zeitalter befinden.

Anmerkungen und Quellennachweis

1 Das Wesen der Prophezeiung

[1] Thomas Mann: *Joseph und seine Brüder*, Teil I, S. 32.
[2] Das Wirken von Edgar Cayce wird in Kapitel 7 dargestellt.
[3] Nostradamus wird in Kapitel 6 ausführlich behandelt.
[4] Rodney Collin: *The Theory of Celestial Influence*, S. 350.
[5] ebd., S. 352.
[6] Vgl. dazu die im Literaturverzeichnis genannten zwei Bücher von Jean Shinoda Bolen.

2 Die Geheimnisse der Tierkreiszeichen

[1] *The Prophesies of Nostradamus*, S. 19f. und 27.

3 Das Weltgericht

[1] Zit. nach George Andrews, 1975.
[2] Gerschom G. Scholem: *Major Trends in Jewish Mysticism*, S. 178f.
[3] Gordon Strachan: *Christ and the Cosmos*, S. 57ff.
[4] 3. Mose 25, 8–12.
[5] *Strachan*, 72 (vgl. Anm. 3).
[6] Über die Stoiker siehe Seite 34 dieses Buches.

4 Das Christentum und die Apokalypse

[1] Henri-Charles Puech: «Gnosis and Time», in: J. Campbell: *Man and Time.*
[2] Mann, Sesti, Flanagan und Cowen: *The Phenomenon Book of Calendars*, S. 10.
[3] ebd., S. 48.
[4] Norman Cohn: *The Pursuit of the Millennium*, S. 13.
[5] Die Offenbarung des Johannes 20, 12 bis 21, 6.
[6] ebd., 22, 2–6.
[7] M. R. James (Übers.): *Apokryphical New Testament*, S. 556–560.

[8] Cohn, S. 25 (vgl. Anm. 4).
[9] ebd., S. 8–11.
[10] Geoffrey Dennis: *The End of the World*, S. 105.
[11] ebd., S. 168.
[12] Keith Thomas: *Religion and the Decline of Magic*, S. 168.
[13] Mann, Sesti, Flanagan und Cowen, S. 9 (vgl. Anm. 2).
[14] Henry Corbin: «Cyclical Time in Mazdaism and Ismailism», in: J. Campbell: *Man and Time*, S. 157.

5 Die Prophezeiungen der Großen Pyramide

[1] Aus dem koptischen Akbar-Ezzeman-Manuskript, zitiert nach D. Davidson/H. Aldersmith: *The Great Pyramid. Its Divine Message*, S. XVI.
[2] John Anthony West: *Serpent in the Sky*, S. 22f.
[3] Davidson/Aldersmith, S. VIf. (vgl. Anm. 1).
[4] Max Toth: *Pyramid Prophecies*, S. 220ff.
[5] Morton Edgar: *The Great Pyramid. Its Time Features*, S. 138.
[6] ebd., S. 235.
[7] Adam Rutherford: *Pyramidology*, 1961.

6 Nostradamus und seine Centurien

[1] Erika Cheetham: *The Prophecies of Nostradamus*, S. 13.
[2] ebd., S. 10.
[3] ebd., S. 38.
[4] ebd., S. 48f.
[5] *The Prophesies of Nostradamus*, S. 45.
[6] ebd., S. 11.
[7] ebd., S. 78.
[8] ebd., S. 6–16.
[9] ebd., Fußnote auf S. 10.
[10] Cheetham, S. 92 (vgl. Anm. 1).
[11] *The Prophesies of Nostradamus*, S. 13 (vgl. Anm. 5).
[12] Cheetham, S. 120 (vgl. Anm. 1).
[13] *The Prophesies of Nostradamus*, S. 31 (Vgl. Anm. 5).
[14] ebd.
[15] James Laver: *Nostradamus or The Future Foretold*, S. 230f.

7 Medien, Seher und Mystiker

[1] Elmar R. Gruber: «Millennariumsangst», in: H. A. Müller: *Die Gegenwart der Zukunft*, S. 307f.
[2] Geoffrey Dennis: *The End of the World*, S. 112–115.
[3] Mary Ellen Carter: *Das Neue Zeitalter*, S. 203.
[4] ebd., S. 123.
[5] ebd.
[6] ebd., S. 80ff.

[7] Jess Stearns: *Der schlafende Prophet*, S. 56.
[8] ebd., S. 47f.
[9] ebd., S. 56.
[10] Carter, S. 178 (vgl. Anm. 3).
[11] J. Fisher/P. Cummins: *Predictions*, S. 150.
[12] Aufgezeichnet zwischen dem 15. 12. 1916 und 16. 2. 1917 (nach Stephan A. Hoeller: *Der gnostische Jung*, 1987). – C. G. Jung: «Septem Sermones ad Mortuos», in: Aniela Jaffé: *Erinnerungen, Träume und Gedanken von C. G. Jung*, S. 397f.
[13] Jung, ebd.
[14] Gruber, S. 308 (vgl. Anm. 1).
[15] ebd., S. 309.

8 Esoterische Prophezeiungen

[1] Rudolf Steiner: *Aus der Akasha-Chronik*, 1989.
[2] James Stephenson: *Prophecy on Trial*, S. 13.
[3] Aldous Huxley: *Die ewige Philosophie*, S. 2.
[4] Stephenson, S. 23–27 (vgl. Anm. 2).
[5] Alice A. Bailey: *Die geistige Hierarchie tritt in Erscheinung, S. 306.*
[6] Michal Eastcott: *The Spiritual Hierarchy of the World*, S. 96.
[7] Stephenson, S. 241 (vgl. Anm. 2).
[8] Mary Bailey: *A Learning Experience*, S. 27.
[9] Stephenson, S. 242 (vgl. Anm. 2).
[10] M. Bailey, S. 9 (vgl. Anm. 8).
[11] Alice A. Bailey: *Eine Abhandlung über die Sieben Strahlen*, S. 4.

9 Planetenkonstellationen, Erdbeben und andere Katastrophen

[1] Jim Lewis: «The Eclipse and the New World Order», in: *The Mountain Astrologer.*
[2] E. Alan Meece: «The Cycle of Cultural Change...», in: *The Mountain Astrologer.*
[3] Mark Lerner: «The Uranus-Neptune Conjunctions Are Coming», in: *Welcome to Planet Earth*, Frühjahr 1992.
[4] Jeffrey Goodman: *The Earthquake Generation*, S. 180–190.

10 Das Neue Zeitalter

[1] Nicholas Campion: *The Book of World Horoscopes*, S. 393–403.
[2] ebd., S. 394. Für den Neumond am Tag vor der angekündigten Geburt ermittelte Campion folgende Daten: 0.10 Uhr Weltzeit, 5. 2. 1962, Jerusalem, Israel.
[3] Dane Rudhyar: *Astrological Timing. The Transition to the New Age*, S. 115.
[4] Michal Eastcott: *The Spiritual Hierarchy of the World*, S. 95.

5 Geoffrey Dennis: *The End of the World*, S. 135.
6 A. Voldben: *Nostradamus und die großen Weissagungen*, S. 281.
7 Alice A. Bailey: *Die geistige Hierarchie tritt in Erscheinung*, S. 3–5.
8 Steven McFadden: *Profiles in Wisdom*, S. 221.
9 Dane Rudhyar: *Occult Preparations for a New Age*, S. 249.
10 Voldben, S. 31 (vgl. Anm. 6).
11 ebd., S. 284.
12 Margaret Hone: *The Modern Text-book of Astrology*, S. 293.
13 ebd., S. 212.
14 A. T. Mann: *The Divine Plot. Astrology and Reincarnation.*
15 Voldben, S. 302 (vgl. Anm. 6).
16 Peter Lemesurier: *Gospel of the Stars*, S. 48.
17 Terence und Dennis McKenna: *The Invisible Landscape*, S. 183 f.
18 José Argüelles: *Der Maya-Faktor. Geheimnisse eines außerirdischen Volkes*, S. 132 ff.
19 Adrian Duncan: *Doing Time on Planet Earth*, S. 172 ff.
20 Rudhyar, S. 132 (vgl. Anm. 9).
21 Gordon Strachan: *Christ and the Cosmos*, S. 111.
22 John Michell: *City of Revelation*, S. 172.
23 McFadden, S. 42 f. (vgl. Anm. 8).
24 ebd., S. 134.
25 ebd., S. 217–221.
26 ebd., S. 223.

Literaturverzeichnis

Adlmaier, C.: *Die Gesichte des Mühlhiasl. Die Voraussagen des Alois Irlmeier,* Traunstein 1950.

Andrews, George (Hg.): *Drugs and Magic*, St. Albans (England) 1975.

Argüelles, José: *Der Maya-Faktor. Geheimnisse eines außerirdischen Volkes,* München 1990.

Asimov, Isaac: *Die Apokalypsen der Menschheit*, Berg. Gladbach 1986 (Bastei-Lübbe Tb 60139).

Bailey, Alice A.: *Die geistige Hierarchie tritt in Erscheinung*, Genf 1978, 2. Aufl.

dies.: *Eine Abhandlung über die Sieben Strahlen*, Genf 1986, 3. Aufl.

dies.: *Telepathie und Ätherkörper*, Genf 1989, 3. Aufl.

Bailey, Mary: *A Learning Experience*, New York 1983.

Bekh, Wolfgang Johannes: *Bayerische Hellseher*, Pfaffenhofen 1978, 3. Aufl.

Bender, Hans: *Zukunftsvisionen, Kriegsprophezeiungen, Sterbeerlebnisse*, München 1983.

Berlitz, Charles: *Weltuntergang 1999*, Wien 1981 (auch Knaur Tb 3703).

Blacker, Carmen/Loewe, Michael (Hg.): *Weltformeln der Frühzeit*, Düsseldorf 1977.

Blavatsky, Helena Petrowna: *Isis entschleiert*, 2 Bde., Leipzig 1909.

dies.: *Die Geheimlehre*, Graz 1992, 3. Aufl.

Bolen, Jean Shinoda: *Göttinnen in jeder Frau*, Basel 1986.

ders.: *Götter in jedem Mann*, Basel 1991.

Campbell, Joseph (Hg.): *Man and Time*, New York 1957.

Campion, Nicholas: *The Book of World Horoscopes*, Wellingborough 1988 (dt.: *Das Buch der Welthoroskope*, Zürich 1991).

Capra, Fritjof: *Wendezeit*, Bern 1983 (auch dtv 30029).

Carter Mary Ellen: *Das Neue Zeitalter. Authentische Visionen des Edgar Cayce*, Genf 1971.

Centurio, N. Alexander (Pseudonym): *Die großen Weissagungen des Nostradamus*, München 1992, 17. Aufl. (Goldmann Tb 11772).

Cheetham, Erika: *The Prophecies of Nostradamus*, London 1973.

dies.: *The Final Prophecies of Nostradamus*, London 1990.

Collin, Rodney: *The Theory of Celestial Influence*, Boulder/Colorado 1984.

Cohn, Norman: *The Pursuit of the Millennium*, London 1970, Neuausgabe (dt.: *Das Ringen um das Tausendjährige Reich*, Bern 1961).
Corbin, Henry: «Cyclical Time in Mazdaism and Ismailism», in: Campbell, Joseph (Hg.): *Man and Time*, New York 1957.
Crowley, Aleister: *Das Buch des Gesetzes*, Basel 1987, 3. Aufl.
ders.: *Magical and Philosophical Commentaries on The Book of the Law*, Montreal 1973.
Davidson, David/Aldersmith, Herbert: *The Great Pyramid. Its Divine Message*, London 1925.
Dennis, Geoffrey: *The End of the World*, London 1930.
Duncan, Adrian: *Doing Time on Planet Earth*, Shaftesbury 1990.
Eastcott, Michal: *The Spiritual Hierarchy of the World*, Tunbridge Wells 1973.
Edgar, John und Morton: *Great Pyramid Passages and Chambers*, Glasgow 1910.
Edgar, Morton: *The Great Pyramid. Its Time Features*, Glasgow 1924.
Eilenberg: *Der neue Nostradamus*, Langen 1990, 2. Aufl.
Ferguson, Marilyn: *Die sanfte Verschwörung. Persönliche und gesellschaftliche Transformation im Zeitalter des Wassermanns*, Basel 1983.
Ferrier, J. Todd: *The Message of Ezechiel*, London 1931.
Fisher, Joe/Cummins, Peter: *Predictions*, London 1980.
Fontbrune, Jean-Charles de: *Nostradamus, Historiker und Prophet. Seine Voraussagen von 1555 bis zum Jahre 2000*, Wien 1991 (Neuausgabe).
Gattey, Charles Nelson: *Prophecy and Prediction in the 20th Century*, Wellingborough 1989.
Goodman, Jeffrey: *The Earthquake Generation*, London 1978.
Gribbin, John/Plagemann, Stephen H.: *The Jupiter Effect*, New York 1974.
Gruber, Elmar R.: «Millennariumsangst», in: Helmut A. Müller (Hg.): *Die Gegenwart der Zukunft*, Bern 1991.
Hall, Manly Palmer: *Secret Teachings of All Ages*, Los Angeles 1968.
Hesse, Paul O.: *Der Jüngste Tag*, Bietigheim 1986, 4. Aufl.
Hewitt, V. J./Lorie, Peter: *Die unglaublichen Weissagungen des Nostradamus zur Jahrtausendwende*, München 1992.
Hoeller, Stephan A.: *Der gnostische Jung und die Sieben Reden an die Toten*, Calw 1987.
Hogue, John: *Nostradamus. Jahrtausendwende. Was bringt uns die Zukunft?* Baar 1988.
Hone, Margaret: *The Modern Text-book of Astrology*, London 1972.
Hübscher, Arthur: *Die große Weissagung*, München 1952.
Huxley, Aldous: *Die ewige Philosophie*, Zürich 1949.
Jung, Carl Gustav: «Septem Sermones ad Mortuos. Die sieben Belehrungen der Toten», in: Jaffé, Aniela: *Erinnerungen, Träume und Gedanken von C. G. Jung*, Freiburg/Brsg. 1987.
Kahir, M.: *Nahe an 2000 Jahre. Gegenwart und Zukunft in prophetischer Schau*, Bietigheim 1992, 8. Aufl.
Kaiser, Rudolf: *Die Stimme des Großen Geistes. Prophezeiungen und Endzeiterwartungen der Hopi-Indianer*, München 1989.

Langley, Noel: *Edgar Cayce on Reincarnation*, New York 1967.
Laver, James: *Nostradamus or The Future Foretold*, London 1942.
Lemesurier, Peter: *Gospel of the Stars*, Tisbury 1977.
ders.: *Geheimcode Cheops. Ein Weltwunder wird enträtselt*, Freiburg/Brsg. 1990, 4. Aufl.
Leonie, Edgar: *Nostradamus. Life and Literature*, New York 1965.
Lewis, Jim: «The Eclipse and the New World Order», in: *The Mountain Astrologer*, Juni/Juli 1991.
Lorber, Jakob: *Das Große Evangelium Johannis*, 11 Bde., Bietigheim 1981–87, 7. Aufl.
Mann, A. T.: *Lebens-Zeit Astrologie*, Basel 1987.
ders.: *The Divine Plot. Astrology and Reincarnation*, London 1986.
ders. (Hg.): *The Future of Astrology*, London 1987.
ders.: *Astrologie und Heilkunst*, Grafing 1991.
Mann, Sesti, Flanagan und Cowen: *The Phenomenon Book of Calendars 1979–1980*, Garden City 1979.
McFadden, Steven: *Profiles in Wisdom. Native Elders Speak about the Earth*, Santa Fe / New Mexico 1991.
McKenna, Terence und Dennis: *The Invisible Landscape*, New York 1975.
Meece, E. Alan: «The Cycle of Cultural Change. The Uranus-Neptune Conjunction», in: *The Mountain Astrologer*, Juni 1991.
Michell, John: *City of Revelation*, London 1972.
Montgomery, Ruth: *Ich sehe die Zukunft. Die Voraussagen der Jeane Dixon*, Hamburg 1965.
Müller, Helmut A. (Hg.): *Die Gegenwart der Zukunft*, Bern 1991.
Paracelsus: *Die Geheimnisse*, München 1990 (Knaur Tb 4241).
The Prophesies of Nostradamus, New York 1975.
Puech, Henri-Charles: «Gnosis and Time», in: Campbell, Joseph (Hg.): *Man and Time*, London 1957.
Roberts, Henry C.: *The Complete Prophecies of Nostradamus*, New York 1962, Neuausgabe.
Rudhyar, Dane: *Astrological Timing. The Transition to the New Age*, San Francisco 1970.
ders.: *Occult Preparations for a New Age*, Wheaton 1975.
ders.: *The Sun Is also a Star. The Galactic Dimension of Astrology*, New York 1975.
ders.: *Der Sonne-Mond-Zyklus*, Wettswil 1988.
Russell, Charles Taze: *Der Plan der Zeitalter*, Neunkirchen 1950.
Russell, Eric: *Astrology and Prediction*, London 1972.
Rutherford, Adam: *Pyramidology*, Dunstable/Bedfordshire 1961.
Scholem, Gerschom G.: *Major Trends in Jewish Mysticism*, London 1955 (dt.: *Die jüdische Mystik in ihren Hauptströmungen*, Frankfurt/Main 1988, Neuausgabe).
Smyth, Charles Piazzi: *Our Inheritance in the Great Pyramid*, London 1880.
Stearn, Jess: *Der schlafende Prophet*, Genf 1990, 22. Aufl.
Steiner, Rudolf: *Die Philosophie der Freiheit*, Dornach 1985.

ders.: *Die Geheimwissenschaft im Umriß*, Dornach 1986.
ders.: *Aus der Akasha-Chronik*, Dornach 1989.
Stephenson, James: *Prophecy on Trial*, Greenwich 1983.
Stewart, J. R.: *The Prophetic Vision of Merlin*, London 1986.
Strachan, Gordon: *Christ and the Cosmos*, Dunbar 1985.
Sun Bear/Wabun Wind: *Die Erde liegt in unserer Hand*, München 1990.
Taylor, Gordon Rattray: *Das Selbstmordprogramm. Zukunft oder Untergang der Menschheit*, Frankfurt/Main 1988 (FiBü 3875).
Temple, Robert K.: *Götter, Orakel und Visionen. Die Zukunftsschau im Altertum und heute*, Frankfurt/Main 1982.
Thomas, Keith: *Religion and the Decline of Magic*, London 1971.
Tompkins, Peter: *Cheops. Die Geheimnisse der Großen Pyramide*, Bern 1978, 6. Aufl. (auch Knaur Tb 3591).
Toth, Max: *Pyramid Prophecies*, Rochester 1988 (dt.: *Das Geheimnis der Pyramid Power*, München 1988 (Goldmann Tb 11834).
Voldben, A.: *Nostradamus und die großen Weissagungen*, München 1991, Neuausgabe.
Waters, Frank: *Das Buch der Hopi*, München 1992, 7. Aufl.
West, John Anthony: *Serpent in the Sky*, New York 1979.
Wöllner, Christian: *Das Mysterium des Nostradamus*, Leipzig 1926.

Dank

Ich danke Michael Mann beim Verlag Element Books für seine Unterstützung, seine Geduld und unerschütterliche Freundschaft; John Baldock, der das Manuskript gelesen hat, für seine wertvollen Hinweise; meiner Frau Lise-Lotte für ihre Liebe und ihre Klugheit.

Personen- und Sachregister